SAINT-DENIS

IMPRIMERIE H. BOUILLANT

20, RUE DE PARIS, 20

MEMORANDUM

OU

GUIDE NÉCESSAIRE

A CEUX QUI VOUDRONT ÉCRIRE

LES MONOGRAPHIES DES COMMUNES

DU DÉPARTEMENT DE LA SEINE

PAR

M. MENTIENNE

ANCIEN MAIRE DE BRY-SUR-MARNE

MEMBRE DE LA SOCIÉTÉ

DE L'HISTOIRE DE PARIS ET DE L'ILE-DE-FRANCE

PARIS

HONORÉ CHAMPION, LIBRAIRE

9, QUAI VOLTAIRE, 9

—

1899

NOMENCLATURE DES COMMUNES

AVEC ÉTAT DES DOSSIERS LES CONCERNANT

SAINT-DENIS

IMPRIMERIE H. BOUILLANT

20, RUE DE PARIS, 20

MEMORANDUM

OU

GUIDE NÉCESSAIRE

A CEUX QUI VOUDRONT ÉCRIRE

LES MONOGRAPHIES DES COMMUNES

DU DÉPARTEMENT DE LA SEINE

PAR

M. MENTIENNE

ANCIEN MAIRE DE BRY-SUR-MARNE

MEMBRE DE LA SOCIÉTÉ

DE L'HISTOIRE DE PARIS ET DE L'ILE-DE-FRANCE

PARIS

HONORÉ CHAMPION, LIBRAIRE

9, QUAI VOLTAIRE, 9

—

1899

AVERTISSEMENT

Depuis quelques années on s'occupe davantage de rédiger des monographies communales; l'instruction, si répandue à notre époque, donne nécessairement l'idée de revivre le passé par l'histoire.

L'histoire locale de chaque commune est le moyen le plus intéressant de connaître ces siècles de luttes, dont le but a été, de tous les temps, d'égaliser les charges générales et d'amener le progrès utile à la vie humaine par le gouvernement de tous.

Ces histoires locales doivent être puisées aux sources les plus exactes, en soumettant à la critique les légendes qui n'avaient été inventées généralement que dans les intérêts de la souveraineté ou des sociétés religieuses d'alors.

Pour arriver à ce but, l'écrivain, qui peut être un habitant de la localité, éprouve de suite une difficulté ; il ne sait où trouver les documents, les matériaux nécessaires à son œuvre, et, faute de renseignements, sa bonne volonté ne peut se rendre utile.

Nous avons pensé qu'un mémorandum se rapportant à chacune des communes du département de la Seine, avec indication des documents à compulser, l'indication sommaire des ouvrages imprimés, serait d'une utilité indispensable.

C'est là le but de ce petit livre que nous nous permettons de dédier à l'administration de la Préfecture de la Seine, en souvenir des égards qu'elle a toujours montrés à l'un de ses anciens Maires.

Octobre 1899.

INTRODUCTION

Les plus anciens documents faisant mention des communes du département de la Seine datent des viiie, ixe et xe siècles ; généralement, ce sont des chartes royales ou d'établissements religieux.

Antérieurement à ces époques, on peut dire que les seuls renseignements que nous possédions nous sont fournis par des monuments figurés, des inscriptions, des objets trouvés dans le sol et que les fouilles nous révèlent : ils nous permettent de constater le genre de vie, les institutions, le degré de culture des peuples qui habitèrent ces régions.

On sait cependant qu'avant notre ère, il y avait des documents écrits : dans ses *Commentaires* (1), César nous apprend qu'il a trouvé chez les Gaulois une organisation administrative

1) Livre VI.

ancienne; ils avaient des états d'impôts, des plans de propriétés, de justices, des papiers de prêts, de conventions diverses, etc.

Ces actes ont disparu au moment des invasions romaines et franques. Les vainqueurs tenaient à détruire les anciens usages pour imposer les leurs, aussi bien que par les changements des croyances religieuses, dont les novateurs ne manquaient pas non plus de supprimer tout ce qui rappelait l'ancien culte.

Aujourd'hui on peut dire que les principales sources des anciens documents se divisent en quatre parties : les archives communales, les archives particulières, les archives départementales et les archives nationales.

Archives communales. — Ces archives se composent des anciens registres paroissiaux ou actes d'état civil des catholiques antérieurs à 1790 ; ils remontent généralement à la fin du xvie siècle.

Outre qu'ils renferment les actes de baptêmes, de mariages, d'inhumations des habitants, il y a souvent aussi des délibérations sur les affaires communales, des renseignements sur les personnages importants, sur les événements extraordinaires.

Il peut se trouver dans les Mairies d'anciens plans, d'anciens terriers, des registres de délibérations des habitants, des contrats que l'on peut consulter avec utilité.

En général, à l'administration paroissiale on trouve des anciens registres de marguilliers, les actes d'anciennes fondations ou donations ; dans l'église, les inscriptions de rétablissements, de dédicace ; les pierres tumulaires, les inscriptions sur les cloches ne sont pas des documents à dédaigner.

Archives particulières. — Ces archives comprennent, d'abord, les anciennes minutes des études de notaires, les dossiers de justice de paix, dans lesquels on rencontre toujours des renseignements précieux sur l'établissement des familles par les inventaires ou les contrats de mariages.

Il existe des documents curieux dans les anciennes seigneuries, châteaux et grandes maisons de plaisance : ces pièces rappellent les noms des anciens propriétaires, leurs fonctions dans les affaires de l'état, leurs droits féodaux, leurs discussions avec les habitants, leur manière de vivre et le rendement des terres et de leurs maisons.

Ce sont des matériaux inédits sur la vie locale auxquels on peut ajouter les livres de Raison.

Archives départementales. — Les archives du département de la Seine, détruites lors de l'incendie de l'Hôtel de Ville en 1871, offrent peu de documents.

Depuis quelques années on a cherché à les reconstituer par des pièces reprises dans d'autres administrations et dans les mairies des communes; il est toujours utile de les consulter.

Archives nationales. — C'est là le dépôt le plus considérable que l'on puisse imaginer, et la source principale pour l'histoire des communes de la Seine.

Le 29 juillet 1789, Armand Gaston Camus, chargé par l'Assemblée constituante de veiller à la conservation de ses travaux, proposa « la réunion en un seul dépôt de tous les actes relatifs à l'État ancien de la monarchie ». En 1791, furent réunies les archives du conseil du Roi à celles du conseil de Lorraine. Camus présida aux premières opérations de l'*Agence temporaire du triage des Titres.* En 1795, les archives s'accrurent de ce que l'Agence temporaire avait épargné et du fonds dit de la *Maison du*

Roi (1). La réunion de tous les papiers, plans, contrats, documents et autres pièces et registres qui se trouvaient disséminés dans les villes, dans les paroisses, églises, monastères, couvents devenus propriétés de l'État, dans les seigneuries et châteaux séquestrés, même chez des particuliers, a fourni une quantité considérable de pièces inédites des plus utiles à l'histoire.

Emmagasinées dans des locaux provisoires, ce n'est qu'après plus de cinquante ans qu'elles furent classées, réparties dans des cartons, par séries, et plus tard relevées dans des inventaires, qui ont pour point de départ un *État sommaire par séries des Documents conservés aux Archives nationales* (1891, in-4) terminé par une table rédigée par M. Paul Guérin.

Les Archives nationales ont une parfaite administration, très accueillante et très disposée à faciliter tous les renseignements nécessaires aux recherches que l'on se propose.

Chaque nature de documents étant déposée dans des cartons catalogués par lettres et par numéros, il est facile de les consulter suivant le

(1) Henri Stein et Ch.-V. Langlois : *Les Archives de l'Histoire de France* (1893, in-8).

genre dont on s'occupe, et cela est d'autant plus commode que l'on a d'avance les séries et les numéros préparés pour le genre de documents dont on a besoin.

Les papiers concernant les paroisses, actuellement les communes, donnent des renseignements sur la vie municipale : réunions des habitants, travaux aux bâtiments publics, voirie, discussions sur les impôts, procès avec les curés pour les dîmes, avec les seigneurs pour droits contestés, affirmation de ces droits dans des actes publics, anciens plans, etc. Ces documents peuvent être étudiés avec profit pour trancher des difficultés actuelles survivant dans l'administration des communes.

Dans les papiers des anciens établissements religieux ayant eu des propriétés ou des droits dans les communes, on trouve toutes sortes de documents intéressant la jouissance de certains droits, les questions de prérogatives, les discussions si fréquentes que les religieux soutenaient ; les affaires de la vie ordinaire, les chartes royales, les archives judiciaires, les actes du parlement de Paris, ne doivent pas être négligés.

Il y a des manuscrits très intéressants, des

copies d'actes détruits, dans les bibliothèques de l'État, à la Nationale, à la Bibliothèque de la ville de Paris, ils sont à la disposition de tous ; on doit donc aussi les consulter.

Telles sont les sources des documents qui doivent servir à former l'histoire des communes du département de la Seine.

Dans le travail que nous avons entrepris sous le nom de chaque commune, se trouve indiqué, par les lettres des séries et par les numéros des cartons ou des registres, le genre de renseignements que l'on peut avoir aux Archives nationales.

D'autres pièces d'un caractère plus général sont indiquées ci-après, ainsi que les ouvrages imprimés qui sont de véritables sources pour l'histoire de Paris et de ses communes.

Ces documents sont classés aux Archives nationales ainsi qu'il suit :

Anciennes Chartes. J. 737, 741. K. 179, 183, 191, 193. Visites archiépiscopales aux paroisses du diocèse de Paris (1470 à 1673) L. 408 à 450, LL. 19 à 25.

Routes et chemins. — F¹⁴ 199, 203, 205, 207, 208, 210, 211, 213, 215, 219.

Ponts et Chaussées. — A D^{XIII} (avant 1789.) 1Q. F^2, 887, 1161. F^{14} 123, 129. H^2 2106 (1792 à 1861) A ^{4} 304.

Voirie urbaine. — D$^{VI bis}$ 56 à 77.

Délimitation des communes. — (1792) F^2 11.

Fermiers généraux. — Procès verbaux de leurs tournées G^1 13 à 38.

Tailles de la banlieue. — Z^1 g.

Domaines vendus de la généralité de Paris. Q^3, 206.

Travaux publics. — F^{13} 1285-1297.

Administrations. — Prisons F^{14} 571-614, divers F^{16} 842-860. Histoires AD^{16} 66-73. Plans, série N.

Rivière de Seine, C^1 97, 98, F^{14} 183, 189, 195. F^{20} 283, 297^4. H^1 3198, 3232. L. 807, 857. O^1 1694 Q^1 1183. V^7 488 Z^{1f} 1067 Z^{1h} 656.

Rivière de Marne. — Navigation H^1 3115-3116, îles, îlots, Q^1 1113, coches V^7 412 F^{14} 145-146, droits de moulins H. 2957-2969 à 2973, Bacs, AD^n, XIII.

Bièvre, cours d'eau. — Z^{1e} 307-308 Z^{1f} 1067 F^{14} 183.

Domaines nationaux, cantons formés en 1792, Saint-Denis Q. 1035-1048, Nanterre 1049-1067. Neuilly 1068-1077, Pantin 1078-1080, Charenton

1081-1082, Sceaux 1083-1084, Villejuif 1085-1087, Vincennes 1088-1089.

Biens nationaux F³⁰ 1105. Q² 117-126, délibérations du comité des domaines nationaux H², états des fermages et des loyers des susdits Dˣᴵˣ 18-19, expropriations et expertises ZZ² 1 à 810.

Émigrés et leurs biens. ADˣᴵᴵᴵ 3, 4, 5.

Perquisitions et inventaires T. 1601-1671.

Comité révolutionnaire, Bourg-l'Égalité T. 1493¹·¹¹ 1494¹·⁴.

Pétitions, lettres, dénonciations, Dˣᴸᴵᴵᴵ 1792 à an IV.

Archives départementales et communales, F² 1-75247, 75377. F² II 268 à 358-366 à 378.

Inhumations, cimetières (1783 à 1828) F⁸ 102 à 105.

Polyptique de l'abbaye de Saint-Germain-des-Prés, rédigé au temps de l'abbé Irminon, publié par Auguste Longnon. Paris, 1886-1895, 2 vol. in-8 avec table. (Société de l'Histoire de Paris).

Les Commentaires de César, édition Stoffel.

Histoire ecclésiastique des Francs, par Grégoire, évêque de Tours, édition de M. H. Bordier. *Paris, 1859, 4 vol. in-8. (Édition de la Société de l'Histoire de France).*

Cartulaire de l'église Notre-Dame de Paris, publié par Guérard. *Paris* 1850, 4 vol. in-4. (Coll. des doc. inédits).

L'Hôtel-Dieu de Paris au Moyen-Age. Histoire et documents par Coyecque. *Paris* 1889-1891, 2 vol. in-8. (Société de l'Histoire de Paris).

Journal d'un bourgeois de Paris, 1405-1449, publié par A. Tuetey. *Paris,* 1881, in-8. (*Société de l'Histoire de Paris*).

Paris sous la domination anglaise, 1420-1436, par Auguste Longnon. *Paris,* 1878, in-8. (Société de l'Histoire de Paris).

Testaments enregistrés au parlement de Paris sous le règne de Charles VI (doc. inéd. relatifs à l'Histoire de France. Mélanges). *Paris,* 1880, in-4.

Théâtre des Antiquités de Paris, par Du Breul, *Paris,* 1612, in-4.

Histoire de la ville de Paris, augmentée et mise au jour par Dom Alex. Lobineau, par Dom Michel Félibien. *Paris,* 1725, 5 vol. in-fol.

Histoire et recherches des antiquités de la ville de Paris, par Henri Sauval. *Paris,* 1724, 3 vol. in-fol.

Histoire de la ville et de tout le diocèse de

Paris, par l'abbé Lebœuf. *Paris*, 15 vol. in-12, 1754-57. Et ses suppléments publiés par MM. Cocheris et Bournon.

Dictionnaire universel du Royaume, par Sougrain. 3 vol. in-fol., 1726.

Hadriani Valesii : *Notitia Galliarum*. Paris, 1675, in-fol.

Gérard du Boys: *Historia ecclesiœ parisiensis*. Parisiis, 1690-1710, in-fol. 2 vol.

Piganiol de la Force : *Description de Paris*, 10 vol. in-12 (1765).

Claude de Ferrière : *Catalogue des villes et villages dépendant du ressort de la Prévôté et Vicomté de Paris*. (T. I, p. 202 du corps et compilation de la coutume de Paris, in-fol. 1714).

Du Boullay: *Historia universitatis parisiensis*, *Paris*, 1665-79, 6 vol. in-fol. avec le supplément de *M. Jourdain*. Toutes les pièces importantes publiées dans ces ouvrages ont été réimprimées dans le cartulaire de l'université de Paris, publié par *MM. Châtelain et Denifle*, 4 vol.; Dom Marié, *Histoire de Saint-Martin-des-champs* (Paris, 1680, in-4°), et l'histoire des *Célestins de Paris* de Dom Beurier, contiennent aussi un très grand nombre de documents sur l'histoire de Paris et de l'ancienne Ile-de-France.

Moréri : *Le grand Dictionnaire historique.* Paris, in-fol. 10 vol. in-fol., 1759.

Expilly (l'abbé) : *Dictionnaire géographique, historique et politique des Gaules et de la France,* 6 vol. in-fol., 1762.

Inscriptions de la France du vᵉ au xviiiᵉ siècle. *Paris,* 1873-83, 5 vol. in-4°, par Guilhermy et de Lasteyrie. (*Col. des doc. inéd.*)

Archives départementales, rapport au Conseil général de la Seine 1892, par M. Lamouroux.

Documents provenant des recettes des bureaux de l'enregistrement et des domaines.

Mémoires, Documents et Bulletins publiés par la Société de l'histoire de Paris et de l'Ile-de-France, depuis 1874.

La collection des publications de l'*Histoire générale de Paris,* publiée sous la direction du bureau des travaux historiques de la Ville, et qui forme aujourd'hui 40 volumes, avec l'Album des anciens plans.

Pour les actes de l'état civil, on devra consulter l'ouvrage de *M. Barroux* (1) *sur les*

(1) *Les sources de l'ancien état civil Parisien. répertoire critique.* Paris, 1898, *Champion.*

sources de l'ancien État civil Parisien, in-8°,
le Dictionnaire de Jal (1), et le travail de
M. de Chastellux (2) : *l'État civil parisien avant
les incendies de la Commune.*

Nous avions ce livre sous presse quand nous
avons connu la délibération prise par le Conseil général de la Seine de faire publier sur
le plan aux additions à l'abbé Lebeuf, de M. Bournon (3), édition Champion, la monographie de
chaque commune du département de la Seine.
M. Bournon est chargé de cette publication,
qui renferme à ce jour 20 Notices parues, dont
les noms suivent : Épinay, Pierrefitte, Stains,
Villetaneuse, Dugny, Orly, Le Bourget, Fresnes,
Rungis, Thiais, Antony, Drancy, Villemonble, Le
Plessis-Piquet, Gennevilliers, Bondy, Romainville, Bourg-la-Reine, La Courneuve, Bobigny.

(1) Jal, *Dictionnaire historique.*
(2) *Notes prises aux archives de l'État civil de Paris, brû-
lées le 24 mai 1871*, par le Cte de Chastellux. *Paris*, 187.,
in-8°. *Paris, Dumoulin*, in-8°.
(3) *Histoire générale de Paris*, par l'abbé Lebeuf, réim-
pression faite par M. Augier, 4 volum. in-8°, plus une table,
Additions et rectifications par Bournon : *Paris et sa banlieue*, 1 vol. Ensemble 5 vol. gr. in-8. *Paris, Champion.*

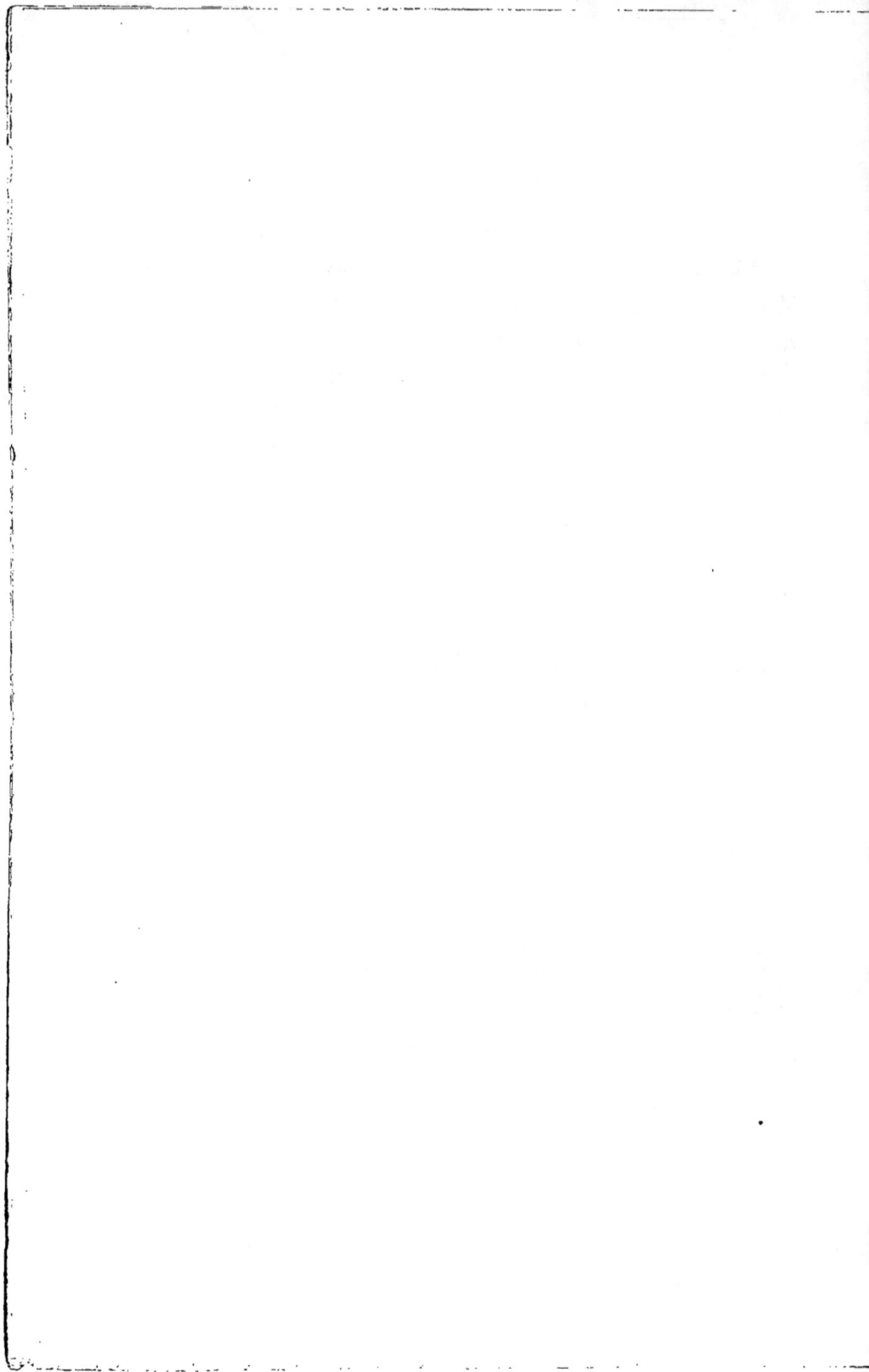

GUIDE NÉCESSAIRE

A CEUX QUI VOUDRONT ÉCRIRE

LES MONOGRAPHIES DES COMMUNES

du département de la Seine

1° ALFORTVILLE

Voir Maisons-Alfort.

2° ANTONY

MANUSCRITS

Archives municipales. — Voir État civil depuis
1718;

Délibérations municipales depuis 1788;
Registres de charité, 1711-1789;
Registres des impositions, 1766-1793;
Renseignements sur le canal de l'Yvette, 1786,
1790;

Plans anciens, 1701, 1751, 1788.

Archives départementales. — Travaux communaux, série O, liasse M.

Archives nationales. — Papiers de la paroisse, S. 3520;

Prévôté, juridiction, 1505 à 1673, Z², 18 à 47;

Minutes du Notariat, 1526 à 1626. ZZ, 6 à 8;

Cartes et plans anciens, projet d'un pont sur la Bièvre, ferme du Pont, village et territoire, série N;

Bièvre, rivière, F¹⁴ 183;

Alignements AD¹ᵇ l¹;

Règlement de territoire Fᶜ 1493, F¹¹;

Seine 1 Lˢᶜ-4;

Biens nationaux Q¹, 1083 à 1084.

Papiers des corporations religieuses ayant eu des biens à Antony :

Abbaye de Saint-Germain-des-Prés.

L. 754, registre des cens dus à la pitancerie d'Antony au xvᵉ siècle;

755, autel de l'Église, vente de terres; 1207 à 1569;

761, 762, 765, 781, chartes;

801, prévôté;

LL. 1048, cartulaire;

1047, 1048, terriers, 1053, 1058, 1150;

S. 2886, rivière et fontaine;

2890, déclarations de biens;

2891 à 2595, ventes et échanges:

2969, 2981 à 2985, inventaires, tour ;

3019, registres ;

3067, cueillerets ;

3086, arpentage ;

3096, déclarations ;

3101 à 3105, terrier avec numéros du plan (1).

Archevêché de Paris. Abbaye Saint-Magloire :
L. 602.

Religieux des Blancs-Manteaux : S. 3686.

Minimes de Chaillot : S. 4303, 3 arpents 1/2 de
biens.

Commanderie Saint-Jean-de-Latran : S. 5119,
5123.

Religieuses de Longchamps : L. 1020, vente de
biens en 1226 ;

1025, titre de propriété du droit de champart de
douze muids d'avoine sur les tenanciers d'Antony
en 1272.

IMPRIMÉS

Histoire de Paris, abbé Lebœuf, 1754, tome IX,
page 352.

Histoire d'Antony, par l'abbé Enjalvin.

Relation de l'événement arrivé à Antony le 10
juillet 1752. (Bibliothèque Nationale L. K. 7. 336.)

Paris pendant la domination anglaise, 1420 à
1436. — La Cour d'Antony, p. 62, 63.

(1) D'après la mense, Antony devait à l'Abbaye 115 livres
de rentes. Les biens que les religieux avaient à Antony et
à Verrières rapportaient en 1790, 53,691 livres 18 sous.

Journal de Dubuisson-Aubenay, 1648 à 1652. — Pont d'Antony, t. 1, p. 136, 152.

Polyptique de l'abbé Irminon. — Antoniacus, p. 225, N° 31; 226, N°ˢ 32, 34, 42; 227, 228, N°ˢ 47-51.

3° **ARCUEIL** (Cachan).

MANUSCRITS

Archives communales. — État civil depuis 1549, voir tous registres depuis 1789.

Archives départementales. — Les consulter pour renseignements généraux.

Archives nationales. — Papiers de la paroisse L. 718, S. 3521-3522, H. (1640-1785) 3735, 3736;
Juridiction, 1693 à 1790, Z² 49-52;
Notariat, 1761 à 1771, ZZ¹ 9;
Notariat de Cachant, 1522 à 1773, ZZ¹ 57;
Plans, série N; plans de Cachant, même série;
Domaines nationaux, Q¹ 1083-1084;
Aqueduc, O¹ 1599.

Papiers des corporations religieuses ayant eu des biens à Arcueil :

Chapitre Notre-Dame : L. 454, S. 160, 171, 269, 271.

Chapitre Saint-Marcel : L. 574, S. 1917-1918.

Chapitre Saint-Benoît : S. 899, rente.

Chapitre de la Sainte-Chapelle : S. 932.

Abbaye de Saint-Germain-des-Prés: L. 754, 755, 762, Chartes, LL. 1046, 1061 ;

S. 1053, 2901 , L. Cachant K. 972, LI. 1046, 1060. Q. 1084. S. 3025, 3028 , 3073, 3074, 3125, 3126, 3129, 3209.

En 1790 le revenu de leurs biens à Cachant, était de 6950 livres 17 sous 8 deniers.

Abbaye Sainte-Geneviève : L. 883.

Abbaye de Lonchamps : Q. 1068, biens à Cachant.

Abbaye Montmartre: Q. 1076, S. 4442.

Prieuré Saint-Martin-des-Champs : L. 875, 876, S. 1432, droits de prieuré.

Prieuré Saint-Denis de la Châtre : L. 911, S. 1050, cens.

Prieuré Saint-Denis-de-l'Estrée: Q. 1249, S. 2386, 2404.

Religieux Jacobins : S. 4229, donation d'un quartier de vigne.

Religieux Mathurins : S. 4259.

Église Saint-Landry : S. 3412, rentes.

Collège de la Marche et Vinville, M. 173, S. 6181, 6182, 6494.

Collège de Bayeux : S. 6354, 6355.

Collège d'Harcourt : S. 6443.

Collège de Saint-Michel : M. 188. S. 6507.

Couvent des Filles-Dieu : S. 4703, 4718.

Hospice Sainte-Catherine : S. 6108.

Les Chartreux : S. 4094, 4095.

IMPRIMÉS

Histoire de Paris, abbé Lebœuf, volume X, page 19.

Notice sur Arcueil, par Duchalais, in-8.

Testaments enregistrés sous le règne de Charles VI. Jean Canard, évêque d'Arras, donne des biens à Arcueil.

Antiquités de Paris, par du Breul.

Histoire de Paris, Dom Félibien.

Société de l'Histoire de Paris et de l'Ile-de-France. — Vers de Scudéry sur l'aqueduc d'Arcueil, t. XX, p. 137. Dissertation sur l'aqueduc d'Arcueil (*Mém. de l'Acad. roy. des Inscriptions et Belles-Lettres,* t. XIV, p. 268; t. XX, p. 280; t. XXX, p. 731). Pétrification des eaux d'Arcueil (*Hist. de l'Acad. des Sciences, an. 1867*).

4° ASNIÈRES

MANUSCRITS

Archives municipales. — État civil (voir anciens documents et ceux de la paroisse).

Archives départementales. — Les consulter pour renseignements généraux.

Archives nationales. — Prévôté (1611 à 1738), Z² 60, 61;

Justice (1563 à 1791), Z² 1069, 1095; Notariat (1500 à 1732), ZZ¹ 10;

Plans, série N;

Seigneurie, apanage du duc d'Artois, R¹ 17, 30; R⁰ 19624;

Domaines nationaux, Q¹ 1068, 1077.

Papiers des biens possédés par des corporations religieuses :

Chapitre Saint-Marcel : H. 3377. L. 574, rentes, S. 1917, 1918. Justice.

Abbaye de Longchamps : Q¹ 1054. Biens.

Prieuré Saint-Martin-des-Champs : S. 1365.

Commanderie du Temple : S. 5091.

Carmélites de Saint-Denis : Q. 1046 à 1050.

IMPRIMÉS

Histoire de Paris, abbé Lebœuf, tome VII, p. 87.

Le grand poète burlesque d'Asnières, 1649, in-4.

Réflexions sur la nouvelle liturgie d'Asnières, 1724, in-4.

Observations sur le cérémonial d'Asnières, Grand-collas, in-4.

Le voyage d'Asnières, par Hurlaud, 1748, in-8.

Histoire de Paris, par dom Félibien.

Le grand poète burlesque de l'École d'Asnières, 1649, in-4.

5° AUBERVILLIERS

Archives municipales. — État civil depuis 1562; Chartes de 1410 pour droit de péage;

Délibérations municipales depuis 1787;

Papiers de l'église.

Archives départementales. — Renseignements généraux.

Archives nationales. — Papiers de la paroisse, L. 718. S. 3610;

Déclaration de la taille, Z^{1g} 271;

Bailliage, Z^2 66 à 81 (1597 à 1791);

Prévôté, Z^2 82 à 123 (1609 à 1790);

Mairies du Vivier et du Château, 1750 à 1790, Z^2 124 à 135;

Plan, série N.;

Domaines nationaux, Q^1 1078, 1080.

Abbaye de Saint-Denis : L. 837, dimage, plan et prévôté, S. 2199, 2833.

Abbaye Saint-Victor : S. 2165.

Église des Saints-Innocents : S. 3374.

Église Saint-Jacques-la-Boucherie : S. 3382, 3383, possédait 13 arpents 3 quartiers de terre, loués 350 livres.

Église Saint-Laurent : S. 3414, 3415.

Église Notre-Dame de Lorette : S. 3468.

Église Saint-Séverin : S. 3505, 3506.

Chapitre Saint-Honoré : L. 569, S. 1853. Chapelle de Notre-Dame des Vertus.

Prieuré de Saint-Martin-des-Champs. S. 1348 (1).

Prieuré de Saint-Denis de l'Estrée : Q¹ 1249. S. 2386, 2404.

Prieuré Notre-Dame-des-Champs : S. 1433.

Ursulines de Saint-Denis : Plans de leurs terres, série N.

Cordelières de la rue de l'Oursine : S. 4678.

Religieuses les Filles-Dieu : S. 4700, 4703, 4718.

Commanderie Saint-Jean de Latran : S. 5114, 5119, 5642, 5663, 5664, 6071.

Faculté de théologie de Paris : S, 6193, 6199.

IMPRIMÉS

Histoire de Paris, abbé Lebœuf, t. III, p. 277.

Le siège d'Aubervilliers en vers burlesques, 1649, in-4.

Notice sur le pélerinage et l'église de Notre-Dame des Vertus, par l'abbé Cottin, 1865, in-8.

Dans la chapelle de la Vierge de l'église Saint-André-des-Arts de Paris, était enterré Michel de Lanzon, seigneur d'Aubervilliers, 2 novembre 1610, *Bournon,* p. 288.

Antiquités de Paris, du Breul.

L'Hôtel-Dieu au moyen-âge, Coyecque, p. 941.

Histoire de Paris, dom Félibien.

Journal d'un bourgeois de Paris, 1405-1449, p. 239, 307.

_____

(1) Le maire d'Aubervilliers était tenu, le dimanche de la Septuagésime de chaque année, d'apporter au couvent des poireaux comme redevance; il recevait du prieur deux pains blancs et deux quartes de vin.

2.

Journal de Dubuisson-Aubenay, 1648-1652, I, 172-174. — Sortie des Parisiens, I, 178.

Société de l'Histoire de Paris et de l'Ile-de-France, tome IV.

6° **BAGNEUX**

MANUSCRITS

Archives municipales. — État civil depuis 1541; Délibérations municipales depuis 1788; Papiers de l'église.

Archives départementales. — Les consulter pour renseignements généraux.

Archives nationales. — Papiers de la paroisse, H^8 (1590 à 1722) 3253-4800, L. 718, S. 3523-3529; Prévôté, Z^2 (1616), 202; École, S. 1050; Terrier, S. 3117, 3121.

Domaines nationaux. Q^1 1083-1084.

Plans, de la paroisse, de la seigneurie, hôtel de Chevreuse, de plusieurs fiefs, route de Bagneux à Paris, chemin de Fontenay-aux-Roses, dans la série N.

Papiers des Établissements religieux ayant eu des possessions à Bagneux :

Chapitre Notre-Dame : L. 454, S. 160, 171 (fief chevalier).

Abbaye Saint-Germain-des-Prés : L. 765, LL. 1056, 10578, 105, 1100, 3017, 3018 à 3021.

Abbaye Saint-Victor : S. 2156 (fiefs de la Lisette, de la Pénitencerie et de Saint-Victor).

Chapitre Saint-Denis-du-Pas : S. 841.

Abbaye de Sainte-Geneviève : S. 1545, 1694.

Abbaye Montmartre : S. 4491, terrier.

Prieuré Sainte-Catherine de la Culture du Val des écoliers : S. 1026, 1027.

Religieux des Blancs-Manteaux : S. 3680, 3693.

Religieux des Carmes Billettes : S. 3711, 3718.

De la chapelle Saint-Yves : S. 4010.

Religieux les Chartreux : S. 4010, 4075.

Religieux les Mathurins : S. 4220.

Commanderie Saint-Jean-de-Latran : S. 5123, 5128, 5643.

De la Sorbonne : S. 6218.

Du collège d'Harcourt : S. 6443.

Du collège Mignon : S. 6511.

IMPRIMÉS

Histoire de Paris, abbé Lebœuf, tome IX, page 405.

Mémoire historique et archéologique sur Bagneux, par Troche, 1866, in-8.

L'Hôtel-Dieu au moyen-âge, Coyecque, Balneoli, Balneolum, 847, 864, 1530, 1818, 1822.

Journal d'un bourgeois de Paris, 1405-1449, 80.

Paris pendant la domination anglaise, 1420-1436, 170.

Histoire de Paris, dom Félibien.

Société de l'Histoire de Paris et de l'Ile-de-France.
— Notes sur l'instruction primaire au xviiie siècle dans cette localité, t. XVI, 179.

Polyptique de l'abbé Irminion, p. 226, No 33.

7° BAGNOLET

MANUSCRITS

Archives municipales. — État civil;
Délibérations municipales.

Archives départementales. — Les consulter pour renseignements généraux.

Archives nationales. — Papiers de la paroisse. L. 718. S. 3611;

Papiers de la prévôté (1664 à 1770) Z^2 203, 242;

Minutes du notariat (1734 à 1777) ZZ^1 34;

Plan, série N;

Papiers des princes, R^4 916 à 937, 1037 à 1047;

Domaine des d'Orléans, O. 20954;

Domaines nationaux, Q^1 1078, 1080.

Papiers des biens possédés à Bagnolet par des corporations religieuses :

Chapitre Saint-Louis du Louvre et Abbaye Saint-Maur-les-Fossés : S. 1164, 1185.

Abbaye Saint-Denis : L. 838, S. 2199, 2833.

Abbaye Saint-Antoine : S. 4365, 4373.

Prieuré Saint-Martin-des-Champs : L. 870, chartes.

Prêtres de la Mission, Lazaristes : MM. 210. S. 6652, 6676, 6727, 6737, 6738, 6868.

Hôpital Saint-Lazare : M. 30, 212. S. 6591, 6749.

Collège de Lisieux : S. 5473.

Collège de Beauvais : S. 6366.

Commanderie Saint-Jean de Latran : S. 5114, 5116.

IMPRIMÉS

Arrêt du 17 janvier 1783 portant règlement de la fabrique de Bagnolet, in-4.

Histoire du Diocèse de Paris, abbé Lebœuf, 1754, *Paris*, livre VI, page 305.

En 1615, Madeleine de Roserol, épouse d'Étienne Bryes, seigneur de Bagnolet, a été enterrée dans l'église de Saint-Merry, de Paris.

Journal d'un bourgeois de Paris, 1405-1449, 223.

Journal de Dubuisson-Aubenay, 1648-1652, I, 260 ; — La Princesse de Carignan y reçoit le duc d'Anjou, t. II, 57.

Histoire de Paris, dom Félibien.

Antiquités de Paris, du Breul.

8° BOBIGNY

MANUSCRITS

Archives municipales. — État civil (voir année 1655) ;

Délibérations municipales.

Archives départementales. — L^{iv} (1654 à an VII) divers.

Archives nationales. — Papiers de la paroisse. LL. 964 registres S. 3613 ;

Plans, série N ;

Domaines nationaux ; Q^t 1078, 1080.

Papiers des biens possédés à Bobigny par des corporations religieuses :

Abbaye Saint-Victor : L. 897, S. 2155.

Prieuré Saint-Martin-des-Champs : L. 875, nomination de la cure.

Prieuré Saint-Denis-de-l'Estrée : S. 2386, 2404. Q 1249.

Église Saint-Laurent : S. 3413.

Les Célestins : S. 3773, 3778.

Faculté de théologie : S. 6193, 6199.

Hôpital Saint-Lazare : S. 6661.

IMPRIMÉS

Bobigny-les-Paris, par l'abbé Masson, 1887, in-8.

Histoire du diocèse de Paris, abbé Lebœuf. VI, 276.

Testaments enregistrés sous le règne de Charles VI, p. 607 et 612.

Histoire de Paris, Dom Félibien.

9° BONDY

MANUSCRITS

Archives municipales. — État civil ; délibérations municipales.

Archives particulières. — Il existe un chartrier considérable au château d'*Aulnay-les-Bondy.*

Archives départementales. — Les consulter pour renseignements généraux.

Archives nationales. — Papiers de la paroisse, S. 3613 ;

Papiers de la prévôté, Z² 359, 364, 365 (1692 à 1790) ;

Domaines nationaux, Q¹ 1078, 1080 ;

Domaine des princes d'Orléans R¹ 1043, 1051 ;

Forêt, P. 2091 à 2104 ;

Plans du terroir, de la forêt, du château, de la route, série N.

Papiers des biens possédés à Bondy par les corporations religieuses :

Chapitre Saint-Louis du Louvre : S. 1869, 1870, chapelle de la Madeleine.

Abbaye de Saint-Denis : L. 829, 867, S. 2199, 2838.

Prieuré Saint-Martin-des-Champs : L. 873, 876, S. 1338, seigneurie, nomination du curé ;
La ferme était louée 6632 livres.
Commanderie du Temple : S. 5621.

IMPRIMÉS

Histoire du diocèse de Paris, abbé Lebœuf, VI, 221.
Histoire de Paris, dom Félibien.
Société de l'Histoire de Paris et de l'Ile-de-France.
Note relative à son prieuré, t. XVI, 34, 54.

10° BONNEUIL-SUR-MARNE

MANUSCRITS

Archives municipales. — État civil ;
Délibérations municipales.
Archives départementales. — Les consulter pour renseignements généraux.
Archives nationales. — Paroisse, papiers II⁵ 3253, 3738, 4800 (1690-1786). S. 3530 ;
Prévôté, Z² (1729-1788), 368, 370 ;
Domaines nationaux, Q¹ 1081, 1082.

Papiers des biens possédés à Bonneuil par des cor-porations religieuses :

Fief de l'archevêché de Paris : S. 1121.
Chapitre Saint-Louis-du-Louvre, ancienne abbaye de Saint-Maur-les-Fossés : S. 1879.

IMPRIMÉS

Extrait des chartes du musée. Etienne, comte de Paris, par acte daté à Bonneuil en 811, donne diverses propriétés à l'évêque de Paris, page 33 ;

Histoire de Saint-Maur-des-Fossés, par Piérart ; 1876, page 98.

Guide chemin de fer de Vincennes, Parizot, 1860, page 235.

Histoire des Francs, saint Grégoire, 1668, de Ma-rolles, Ier vol. 790.

Histoire du Diocèse de Paris, abbé Lebœuf, XII, page 33.

Histoire de Paris, dom Félibien.

Histoire de Paris, Sauval.

Société de l'Histoire de Paris et de l'Ile-de-France, tomes V et XII.

Dissertation sur Bonogilum. Hist. de l'Acad. roy. Inscriptions et Belles-Lettres, t. XXV, p. 126.

11° BOULOGNE (*Billancourt et Menus*).

Archives municipales. — Etat civil ;
Délibérations municipales ;
Charte de fondation de l'église en 1320.

Archives départementales. — Les consulter pour renseignements généraux.

Archives nationales. — Eglise : L. 455, rente ;
Prévôté Z² (1578 à 1591) 391, 476 ;
Charte de Chilpéric II en 717, don de la forêt de Rouvray à l'abbaye de Saint-Denis, livre du musée 24 ;
Plans du terroir, du bois et de Billancourt, série N ;
Bois : K. 33, 36, 40, O¹ 1581 à 1586 ;
Bornages, plan : Q¹ 1075 ;
Domaines nationaux : Q¹ 1068, 1077.

Papiers des biens possédés à Boulogne par les corporations religieuses :

Chapitre Notre-Dame : L. 455.
Abbaye Saint-Victor : L. 888, 890, 890, LL. 1450ᴬ, 1451 (Billancourt).
Chartes de 1231 et 1233. Q¹ 1069,
Bail, S. 1544, 159 ;
Contestations, 2137.
Abbaye de Longchamps : K. 974 à 981 : Q¹ 1072. 1075 et 1083, cens et droits dans le bois.

Abbaye de Montmartre : S. 4441, biens; 4477, censiers ; 4490, terriers.

Blancs-Manteaux : L. 912, 916. S. 3676, 3704.

Augustins déchaussés ou Petits-Pères : S. 3645, 3646, ferme à Longchamps.

IMPRIMÉS

Lettres patentes de Henri IV relatives à Boulogne 1597.

Mémoires relatifs aux différends entre le curé et les marguilliers de l'église de Boulogne, 1729.

Histoire du Diocèse de Paris, abbé Lebœuf, III, page 18.

Nouveau village de Billancourt, in-4°, 1826.

Le château du bois de Boulogne, dit château de Madrid, par le comte de Laborde, 1835.

Madrid, notes sur l'ancien château construit par François Ier en 1530, démoli en 1792, par Vaudoyer, 1837.

Notice sur l'émigration paroissiale de Billancourt, 1875.

Testaments enregistrés au Parlement sous le règne de Charles VI, pages 515, 537.

Antiquités de Paris, du Breul.

Journal d'un bourgeois de Paris, 1405-1449, 22, 234, 235; — Église de Notre-Dame, 23.

Paris pendant la domination anglaise, 1420-1436. Notre-Dame de Boulogne la petite, 6.

Journal de Dubuisson-Aubenay, 1648-1652. Le roi à la chasse, II, 53, 109; — Course de chevaux

en 1651, I, XLI; II, 66; — 165, 173, 258, 269;
II, 47, 71, 368.

Société de l'Histoire de Paris et de l'Ile-de-France, t. XI, p. 86. (Château de Madrid).

Histoire de Paris, dom Félibien.

L'Église française dans cette commune, XVII, 128 (*Société de l'Histoire de Paris*).

Grenet, *Histoire de Boulogne,* in-12.

12° BOURGET (le)

MANUSCRITS

Archives municipales. — État civil (1692);
Délibérations municipales de 1782.

Archives départementales. — L^vi divers, 1654 à l'an VII; — Renseignements généraux.

Archives nationales. — Prévôté Z^2 (1708 à 1790), 487, 490;

Péage, H. 3182;

Plans du terroir et de la ferme, série N;

Domaines nationaux, Q^1, 1039 à 1048;

Territoire, F^2 II;

Seine I. F^2, 493;

Voir renseignements généraux;

Papiers séquestrés.

Papiers des biens possédés au Bourget par des corporations religieuses :

Abbaye de Saint-Denis : L. 829, 867. S. 2199, 2833.

Abbaye Montmartre : S. 4442.

Religieux Mathurins : S. 4253, ferme.

Religieux Lazaristes : MM. 210. S. 6651, propriétés ; 6736, plans.

IMPRIMÉS

Histoire du diocèse de Paris, abbé Lebœuf, VI, page 258.

Ordonnances des rois de France, tome VI.

Voir Rabelais, livre IV : *Charles VI.*

Journal d'un bourgeois de Paris, 1405-1449, 259.

Journal de Dubuisson-Aubenay, 1648-1652. I. 178, 180 ; II, 2.

Histoire de Paris, dom Félibien.

13° BOURG-LA-REINE

MANUSCRITS

Archives municipales. — Etat civil (acte de décès de Condorcet) ;

Délibérations municipales.

Archives départementales. — L^II district, 1791 à l'an III ;

Voir renseignements généraux.

Archives nationales. — Papiers de la paroisse (1638 à 1703) H⁵ 3253, 3738, 4800. L. 718. S. 3531, 3532;

Papiers de la prévôté (1535 à 1791). Z² 477, 485, 836, 861;

Actes du greffe et du tabellionnage (1657 à 1754). S. 476, 480;

Notariat, minutes ZZ¹, 41¹ (1566 à 1673);

Droits de justice, taille, affranchissement, L. 464;

Ensaisinements, censier, cueilloirs. S. 566, 568 (1565 à 1790);

Titres de rente, échanges, déclarations, S. 311, 316, 706, 712;

Plans, terroir, ancien chemin de Paris: route de Juvisy à Versailles, alignement du grand chemin, série N;

Délibérations et papiers du district. T. 1493¹⁻², 1494¹⁻⁴;

Domaines nationaux, Q¹ 1083, 1084.

Papiers des biens possédés à Bourg-la-Reine par des corporations religieuses :

Chapitre Notre-Dame de Paris : L. 455, 464, S. 311, 316, 476, 480, 560, 568, 706, 712.

Abbaye Sainte-Geneviève : S. 1543.

Abbaye Saint-Germain-des-Prés : S. 2890, terres, et une maison louée, en 1790, 346 livres 16 sous 4 d.

Abbaye Montmartre : S. 4444, seigneurie; 4491, terriers.

Prieuré Notre-Dame-des-Champs : pour les biens possédés à Bourg-la-Reine, voir archives du Loiret.

Commanderie Saint-Jean-de-Latran : S. 5123.

Collège *Ave Maria : S.* 6449.

Pères de la Doctrine chrétienne : M. 238. S. 6841, biens.

IMPRIMÉS

Histoire du Diocèse de Paris, abbé Lebœuf, IX, page 383.

Testaments enregistrés au Parlement sous le règne de Charles VI, pages 454, 456. 1, 115, 120, 122, 124, 254, 256.

Journal de Dubuisson-Aubenay, 1648-1652.

Histoire de Paris, dom Félibien.

14° BRY-SUR-MARNE

MANUSCRITS

Archives municipales. — État civil, depuis 1612

Délibérations municipales, depuis 1787 ;

Société populaire 1790, règlement ;

Procès-verbal pour placement d'une pierre de la Bastille à Charenton ;

Paquets de pièces sur la Révolution ;

Délimitations anciennes, xvie siècle, avec Noisy et Villiers.

Archives particulières. — M. Mentienne, ancien maire, possède un grand nombre de pièces anciennes et curieuses sur Bry qu'il a acquises, ou provenant de l'ancienne seigneurie de Bry. (Elles lui ont, en partie, été remises par M. Devinck, l'un des derniers propriétaires du château de Bry.); 5 volumes in-folio, manuscrits contenant des acquisitions, ventes, échanges, procès, discussions, droits honorifiques, de justice, église, voirie, chartes, moulins, etc., depuis 1030 jusqu'en 1785; Plans anciens, copie d'un plan terrier de 1787 et terrier descriptif complet.

Archives départementales. — Les consulter pour renseignements généraux.

Il existe à l'Étude du notaire de Vincennes une partie des minutes du tabellionnage de Bry de 1741 à 1749 et de 1767 au 1er brumaire an III.

Tous les dossiers des affaires de la prévôté de Bry de 1631 à 1787 sont également à l'étude de Vincennes.

Archives nationales. — Papiers de la paroisse, L. 718, 719, 726, S. 3533, 3581;

Tabellionnage, 1567 à 1784, ZZ¹ 47 à 56, H. 747², 7489;

Plan de la seigneurie, 1787. Série N¹ 54;

Visites aux paroisses du diocèse, L. 408, 450, 1470 à 1673 LL. 19 à 25;

Iles et ilots de la Marne, Q¹ 1113;

Droits de moulins, H. 2957, 2969 à 2973;

Domaines nationaux, Q¹ 1081, 1089, Q² 126;

Émigrés et leurs biens, AD^{vll} 3, 4, 5;

Papiers séquestrés de Beaumont, T. 691, 698 ;

Papiers séquestrés de Manneville, T. 592 ;

Papiers séquestrés de Laage, V^7. 246;

Comités révolutionnaires, district de Bourg-l'Égalité, section de Montreuil, T. 1493$^{1'11}$, 1494$^{'4}$;

Perquisitions et inventaires, T. 1601, 1671 ;

Fermiers généraux, tournées, G. 13 à 38 id. 219;

Mémoire de M. de Silhouette, K. 883 à 885.

Papiers des biens possédés à Bry par les corpora-tions religieuses qui suivent :

Chapitre Notre-Dame de Paris : droits de jus-tice, de police, de voirie, de four, L. 471, 472. Do-nations, S. 123, 388, 401, 455, droit de tabellion 494, inventaires 671, 675, déclarations 816, 820, terrier 821, 824, Prévôt 4243, 6418.

Prieuré de Sainte-Catherine de la Culture du Val des Écoliers : S. 1025, 1027.

Prieuré Saint-Martin-des-Champs : S. 1324, 1408.

Abbaye Saint-Magloire : S. 1161, 1163, L. 440, 453.

Abbaye Saint-Maur : L. 454, 462, S. 1164, 1181, 1854.

Fief de la Grange-Batelière : S. 1197, 1203.

Abbaye Saint-Antoine : S. 4365.

Abbaye Montmartre : S. 4457.

Abbaye de Malnoue : O. 641, Q. 1417, S. 4590.

Blancs-Manteaux : S. 3685.

3.

Religieuses de l'Ave-Maria : S. 4642.

Les Filles-Dieu : S. 4703, 4717.

Prêtres de l'Oratoire : S. 6817, 6861, 6749, 6752.

Université de Paris : S. 6186, 6191.

Religieux de Saint-Lazare : S. 6720.

Collège de Cornouailles : S. 6418.

Eglise Saint-Gervais : L. 654. S. 3360,3367.

Archevêché de Paris : S. 1197, 1203.

Divers.

Actes du Parlement de Paris, Olim, arrêts concernant Bry, 196, 197.

Archives judiciaires, X¹ᵃ 1567 f° 31, Y 9 f° 92.

Privilèges, 8617, 8661 f° 597 Z. 6003 i° 188, 189.

Foires et Marchés, Z. 6016 f° 92.

Charte, de Charles-le-Chauve, K⁴² 13.

IMPRIMÉS

Histoire du diocèse de Paris, abbé Lebœuf, liv. xv.

L'ancien pays du Parisis, Mentienne.

Journal d'un bourgeois de Paris, 1405-1449.

Seguin (Jules). *Pont suspendu en fil de fer,* construit à Bry-sur-Marne (Extrait des *Annales des Ponts et Chaussées*), in-8, 1832.

13° CHAMPIGNY-SUR-MARNE

MANUSCRITS

Archives municipales. — État civil depuis 1552; registres de délibérations depuis 1788.

Archives particulières. — M. Mentienne, ancien maire de Bry, possède quelques archives particulières sur l'ancienne seigneurie de Champigny, sur 'es domaines du Tremblay et diverses autres qu'il a acquises.

Archives départementales. — Les consulter pour renseignements généraux.

Archives nationales. — Papiers de la paroisse, H⁵ 3255, 3738, 3741 (1665 à 1747), L. 719, 720, S. 3534, 3535 ;

Justice (1782 à 1790) Z² 591, 593 ;

Plan des biens de l'abbaye de Saint-Maur, plan du Bois-l'Abbé, plan de la seigneurie. Série N. ;

Domaines nationaux ;

Biens des princes d'Orléans, O. 21021 ;

Hôtel-Dieu de Paris, rentes, volume 1ᵉʳ, art. 2958, (sur une maison rue des Ouches).

Abbaye de Saint-Maur : S. 1164, 1867, 1868.

Chapitre Saint-Louis-du-Louvre : S. 1891; fief du Bois-l'Abbé à Cœuilly.

Abbaye de Saint-Denis : L. 879, 867, S. 2199, 2833.

Église Saint-Denis-du-Pas : S. 841.

Église Saint-Josse de Paris : S. 3409 (2 arpents de terre).

Religieux des Mathurins : S. 4259.

Religieux des Pères-de-Nazareth : S. 4335.

Prieuré Saint-Martin-des-Champs : L. 870, 871, (avait la nomination du curé, et le chambrier avait droit à une dîme de 170 livres).

Les Chartreux : S. 3983, seigneurie 4005, 4086.
Les Pénitents : S. 4335.

IMPRIMÉS

Histoire du diocèse de Paris, abbé Lebœuf, 1754, tome XIV, page 358.

Histoire de Saint-Maur, par Piérart, 1876, p. 211.

Guide chemin de fer de Vincennes, Parizot, 1860, page 202.

Testaments enregistrés sous Charles VI, pages 367-369).

Le 26 juin 1551, Pierre-Michel, chanoine du Saint-Sépulcre, curé de Champigny, a été enterré dans l'église du Saint-Sépulcre à Paris.

Journal d'un bourgeois de Paris, 1405-1449, 137.

Paris pendant la domination anglaise, 1420-1436, 172, 173.

Journal de Dubuisson-Aubenay, 1648-1652. I, 35, 36 suiv. ; II, 321.

Société de l'Hist. de Paris et de l'Ile-de-France, VI.

Bertrand. *Notes géologiques sur la colline de Champigny, près Paris (Journ. des Mines*, n° 46, p. 789.

16° CHARENTON-LE-PONT

MANUSCRITS

Archives municipales. — État civil depuis 1576 ; divers registres ;

Titres de la cure de Conflans, xvie et xviie siècles ;

Justice de paix, minutes des jugements ;

Consulter les vieilles minutes du notariat.

Archives départementales. — E¹ Titres féodaux, 1769 ;

L¹¹¹ divers an IV, an VIII ;

Prendre des renseignements généraux.

Archives nationales. — Papiers de la paroisse, L. 720, H⁵ 3253, 3742 ; 4800 (1740 à 1780) ;

Conflans L. 719, S. 3546 ;

Bailliage (1728 à 1790) Z² 643 à 666 ;

Droit de péage (1216 à 2691), H. 3859 ;

Plans divers, série N ;

Greffe et tabellionnage de Conflans ;

Domaines nationaux, Q¹ 1081, 1082 ;

Papiers révolution, Q² 117-126 ;

Hospice, F. 74568 à 74596, 1719 à 1766 ;

Procès verbaux de visites aux prisonniers, X²ᵇ 1355 ;

Papiers des protestants, 1562 à 1682, TT. 232 à 445 ;

Château de Conflans, S. 1129.

Papiers des corporations religieuses ayant des biens à Charenton :

Abbaye de Saint-Denis et prieuré d'Argenteuil : L. 829, 867, S. 2199, 2833.

Prieuré Sainte-Croix-de-la-Bretonnerie : S. 1007.

Prieuré Saint-Martin-des-Champs : L. 873.

Chapitre Saint-Marcel : L. 574, S. 1917, 1918.

Abbaye Saint-Antoine : S. 4373.

Prieuré du Val-d'Osne : L. 1044, S. 4605, 4611.

Religieux des Carmes-Déchaussés : L. 934, LL. 1498, 1502, H⁵ 3253, 4800, 1645 à 1700, Z¹⁰ 221, S. 3739 et 3742.

Religieux de Picpus : S. 4337, droits sur le Pont.

Religieuses Bénédictines : O. 630, S. 4592, 4643.

Religieuses Nouvelles-Catholiques : S. 4668, donation de l'ancien temple, G⁹ 630, H⁵ 3253, 4800, 1777 à 1790.

Religieuses Cordelières, de Conflans : S. 4679.

Religieuses de l'Assomption : S. 4631.

Religieuses de la Croix : O. 627.

Religieux de la Merci : S. 4288.

Collège de Navarre : S. 6542, Moulins.

IMPRIMÉS

Bulletin *Société de l'Histoire de Paris et de l'Ile-de-France*, 1ʳᵉ an., page 47.

Histoire de Paris, abbé Lebœuf, 1754.

Histoire de Saint-Maur, Pierrart, 1876, page 220.

Testaments enregistrés sous Charles VI, pages 439, 460.

Trois arrêts et sentences, 1720, 1746, 1772, relatifs à la communauté et hôpital de la Charité de Charenton.

La prise de Charenton par les troupes du roi, commandées par S. A. R., in-4°, 1649.

Journal d'un bourgeois de Paris, 1405-1449, 32 38, 42, 128, 139, 326, 359.

Paris pendant la domination anglaise, 1420-1436, 43, 55, 350.

Antiquités de Paris, du Breul.

Société de l'Histoire de Paris et de l'Ile-de-France, III, VIII, XVIII, 75.

Description historique du bourg de Charenton, près Paris (Nouvelles recherches sur la France, 1766, in-12, t. 1er, p. 173, 237).

17° CHATENAY (*Aunay dépendance*).

MANUSCRITS

Archives municipales. — État civil ;
Registres de délibérations.
Archives départementales. — L^IV Divers, 1654-an VII ;
E^4 Divers, 1266-1789.
Archives nationales. — Papiers de la paroisse L. 719. H^5 3253 à 4800 (1665 à 1747), S. 3536 à 3537 ;
Prévôté Z^2 774-783 ;
Seigneurie H^4 3198-3232 ;
Plans divers, série N. ;
Domaines nationaux ;
Péage H^4. 3198.

Papiers des corporations religieuses ayant eu des biens à Chatenay :
Chapitre Notre-Dame : L. 555. S. 203,557. Z^2.

Prieuré Saint-Martin-des-Champs : L. 876, 878. S. 1349, 1350, 1351 ; notariat, 1352, 1428, 1434, 1459, 1475.

Abbaye Sainte-Geneviève : LL. 1449. S. 1553, censier.

Abbaye de Saint-Germain-des-Prés : LL. 776, dîmes du vin. S. 2891, 2894, 2896, cens, terres, maisons.

Religieux des Blancs-Manteaux : S. 3677.

Église Saint-Jean-le-Rond : L. 531, nomination du curé.

Généalogie de la maison de l'Aunay. B. N., dossier bleu. 385. — 1 fr. 20255, 7061.

IMPRIMÉS

Histoire du diocèse de Paris, abbé Lebœuf, t. V et IX, p. 360.

Polyptique de l'abbé Irminon, par B. Guérard, 1836 (t. II).

Launay (de). *2.000 ans d'histoire. Paris, s. d.*, in-12.

Barthélemy (Charles). *Histoire du village de Chatenay-lez-Bagneux et du hameau d'Aunay. Chatenay*, 1847, in-8.

Mémoires de l'Académie royale des Inscriptions et Belles-Lettres. 35 vol. in-4 (ancienne collection t. IX).

Henri Sauval, *Histoire et recherches des antiquités de la ville de Paris*. Paris, 1724, in-fol., 3 vol. (t. II).

Les Olim ou registres des arrêts rendus par la cour du roi sous les règnes de saint Louis, de Philippe le Hardi, de Philippe le Bel, de Louis le Hutin et de Philippe le Long, publiés par le comte Beugnot. 2 vol. in-4° (t. I, V, documents inédits).

P. Villiers. *Manuel du voyageur aux environs de Paris.* 2 vol. in-18 (t. II). *Paris,* an XII (1804).

Michaud. *Biographie universelle* (Voltaire et Florian).

Piganiol de la Force. *Description historique de la ville de Paris et de ses environs* (t. IX).

Mercure galant, dédié à Mgr le Dauphin (août 1703), in-8.

Latouche (de). *Promenade à la Vallée-aux-Loups.*

18° CHATILLON

MANUSCRITS

Archives municipales. — État civil.

Voir l'acte de décès de Jacques Tardieu et celui de Marie Ferrier, sa femme, dont Boileau raconte les morts dans sa X⁰ satire (Registre mortuaire, f° 294, n° 39).

Registre des délibérations.

Archives départementales, — L¹²⁴ divers, an IV, an VIII ; assistance publique de Paris, terres à Châtillon, legs à l'Hôtel-Dieu de 1487, estimées 28.200ˡ.

Archives nationales. — Papiers de la paroisse L. 719, 11⁵ 3753 à 3238, 4800 (1564 à 1739). S. 3538 ;

prévôté, Z² 786, 819, bailliage (1635-1790) Z² 4194-4211 ; plans, série N ; cartulaire LL 1028 ; prieuré des Hautes-Bruyères O. 635 ; domaines nationaux Q¹.

Papiers des corporations religieuses ayant eu des biens à Châtillon :

Chapitre Notre-Dame : L. 455. S. 160, 171.

Abbaye Sainte-Geneviève : S. 1551-1694.

Abbaye Saint-Germain-des-Prés : L. 776, 794. LL. 1043. Cartulaire 1068, 1100. La mouvance du fief leur appartenant a été donnée au duc de Penthièvre.

Blancs Manteaux : S. 3686.

Mathurins : S. 4260.

Commanderie Saint-Jean de Latran : 5123, 5643.

Collège Mignon : S. 6511, vignes et terres.

La commanderie Saint-Jacques du Haut Pas : S. 8861, 9163.

IMPRIMÉS

Antiquités de Paris, par Sauval, t. I, p. 612, t. III, p. 327.

Histoire du diocèse de Paris, abbé Lebœuf, t. IX, p. 417 et suiv.; *Notice historique et archéologique sur la commune et paroisse de Châtillon-sous-Bagneux*, par M. M. Troche. Paris, 1850, in-8.

Journal d'un bourgeois de Paris, 1405-1449, 80.

Fotitia Galliarum, p. 443, col. I.

Dom Bouillard. *Histoire de Saint-Germain-des-Prés* (pièces justificatives, n° XXXIX), liv. III, p. 109, liv. V, p. 231.

Théâtre des antiquités de Paris, liv. II, p. 323 (1512).

Sur. Jacques Tardieu. Boileau, satire X°. Tallemant des Réaux, historiette CXC°, intitulée : *Ferrier, sa fille et Tardieu;* historiette CCIV°, intitulée : *M. de Laffemas.*

19° CHEVILLY

MANUSCRITS

Archives municipales. — État civil (voir note du 16 juin 1614);

Registres des délibérations ;

Pièces relatives aux contributions de la période révolutionnaire.

(Voir dans les archives de la commune de l'Hay : délibérations communes à partir de 1788.

Archives départementales. — Les consulter au point de vue général.

L'Assistance publique possède des biens à Chevilly.

Archives nationales. — Papiers de la paroisse L. 719. H³ 3252, 3538, 3740, 4800 (1609 à 1777), S. 3529;

Prévôté Z² 836, 861 :

Écoles S. 7050;

Plans du territoire, série N ;

Domaines nationaux.

Papiers des corporations religieuses ayant eu des biens à Chevilly :

Chapitre Notre-Dame : L. 464. S. 311, 316, 476, 480, 560, 568, 706, 712. Z² 836, 861.

Église Saint-Denis-du-Pas : S. 841.

Chapitre Saint-Marcel : L. 574. S. 1917, 1919, 1931.

Abbaye Saint-Victor : S. 2156.

Abbaye Saint-Germain-des-Prés : L. 776. S. 2890. Terres.

Église Saint-Germain-l'Auxerrois : S. 3348, 3349. Rentes.

Église Saint-Landry, de Paris : S. 3412.

Couvent des Filles-Dieu de la Saussaye : S. 4699.

IMPRIMÉS

Histoire du Diocèse de Paris, abbé Lebœuf, livre X, page 48.

Testaments enregistrés sous Charles VI, pages 272 et 601.

Hôtel-Dieu au moyen âge, 692.

20° CHOISY-LE-ROI

MANUSCRITS

Archives communales. — État civil ;

Délibérations municipales à partir de 1765 ;

Pièces relatives au marché des subsistances, 1765 à l'an VI ;

Pièces relatives à la Société populaire ;

Pièces relatives à l'ancien château royal pendant la révolution ;

Diverses acquisitions par Louis XV, 1740-1753 ;

Place de l'ancien château ;

Cueilloir des redevances dues au roi, 1779.

Archives départementales. — L^{111} Divers, an IV, an VIII ;

Assistance publique de Paris, terres, legs de 1873.

Archives nationales. — Papiers de la paroisse, H^5 3253, 3738, 4800 (1572 à 1793), L. 720. S. 3540, 3543 ;

Bailliage royal, minutes, audiences, saisies, crime, police, marché, etc., Z^2 866, 901 ;

Rôles des tailles, Z^{1g} 273, 275 ;

Échanges P. 2016, 2021, 2123, 2255, 2258 Z^{1q} 98 ;

Terrier S. 3080 *bis* et *ter* ;

Plans, série N. ;

Domaines nationaux ;

Délibérations du conseil de surveillance T. 1494.[1-4] ;

Château royal O^1 1343, 1384, 3922, 3935 ;

Mobilier O¹ 3380, 3383 ;

Plan du parc, plan des remises à gibier, série N.

Papiers des corporations religieuses ayant eu des biens à Choisy-le-Roi :

Abbaye Saint-Germain-des-Prés : L. 765, 776, 788 ; biens et pressoir : S. 2904, 2907, 3183¹ 3183², 3191, 3192.

Revenu du bac sur la Seine, 6.000 livres ;

Revenu de l'hôtel de Clermont, 700 livres.

Abbaye Sainte-Geneviève : L. 883, titres de propriété.

Abbaye de Longchamps : L. 1020, vente de terre en 1293.

Le Prieuré de Saint-Martin-des-Champs avait la nomination du curé.

IMPRIMÉS

Histoire du Diocèse de Paris, par l'abbé Lebœuf, livre xii, page 162.

Fêtes au château de Choisy-le-Roi en 1773, 1772, 1778.

Plans, coupes et élévation du château de Choisy, 1754.

Arrêt du 12 août 1781 qui maintient les religieux de Saint-Germain-des-Prés dans le droit de tenir le bac sur la Seine, à Choisy.

Recherches et études sur des sépultures celtiques à Choisy. Roujon, 1863.

Le château de Choisy. Paris, 1867.

*Observations sur le projet de transférer de Sceaux
à Choisy-le-Roi le chef-lieu de sous-préfecture.* In-8°.
1836.

NOTA. — En 1380, Jean de l'Hôpital, fils de Frédérié et de
Marie d'Anjou, conseiller du roi Jean, capitaine des arba-
létriers de France, seigneur de Choisy, a été enterré en
l'église Saint-Merry, de Paris.
Journal de Dubuisson-Aubenay, 1648-1652.

21° CLAMART

MANUSCRITS

Archives communales. — État civil depuis 1527;
délibérations municipales.

Archives départementales. — E^4 divers, 1266-
1789.

Archives nationales. — Papiers de la paroisse.
S. 3544, 3545;

Église H^2 2106, 2126;

Justice Z^2 905, 914;

Échange P. 2034;

Domaine O^1 3829 à 3862. O. 12726, 12733, 12757,
12758;

Plans du territoire, série N;

Délibération du comité de surveillance. T.
1494$^{1-4}$;

Domaines nationaux;

Fief de chef de ville P. 2034.

Papiers des corporations religieuses ayant eu des biens à Clamart :

Abbaye Saint-Germain-des-Prés : L. 776, charte 761.

Chapitre Saint-Étienne-des-Grès : S. 908.

Prieuré Notre-Dame-des-Champs (voir archives du Loiret).

Prieuré Saint-Martin-des-Champs : L.871, S. 1342. seigneurie, 1433, 1470, 1471, droit de nomination du curé. L'hôtelier du couvent jouissait à Clamart d'une maison, jardin et dépendances ; il devait au curé deux muids de grains et ses frais de synode.

Église Sainte-Croix en la cité : S. 3322, rente de 30 livres sur biens.

Les Célestins : S. 3793, 3799.

Église Saint-Jean-en-Grève : S. 3404, 3408. Vignes.

Les Mathurins : S. 4251, 4879.

Commanderie Saint-Jean de Latran, S. 5123.

IMPRIMÉS

Histoire du diocèse de Paris, abbé Lebœuf, livre VIII, page 391.

Clamart, par Barbarroux, 1869.

L'Hôtel-Dieu au moyen-âge.

Journal d'un bourgeois de Paris, 1405-1449.

Journal de Dubuisson-Aubenay, 1648-1652.

22° CLICHY

MANUSCRITS

Archives municipales. — État civil depuis 1626 ; délibérations.

Archives départementales. — L^{111} Divers an IV, an VIII ; E^1 Titres féodaux, xviie siècle, Clignancourt-Monceau ; Z. Justice de paix, 1791-an IX.

Archives nationales. — Charte S. 1822 (charte de Clovis II en 653) ;

Prévôté Z^2 921. Clignancourt, 1069 à 1095 (1563 à 1791) ;

Rapport au Conseil, Q^1 1071 ; cens Q^1 1079 ;

Rentes, M. M. 99 ;

Plans, série N ;

Domaines nationaux ;

Biens du prince de Conti, R^3 1 à 5, 11 à 17 ;

Biens du duc d'Orléans, R^4 997 à 1012.

Papiers des corporations religieuses ayant eu des biens et des droits à Clichy :

Chapitre Notre-Dame : S. 229, biens 1822.

Chapitre Saint-Benoît : S. 896, 898, avait 650 livres de dîme.

Abbaye Montmartre : S. 1204. Les Porcherons, L. 1030. Location d'une carrière, S. 4440. Biens de cens.

Abbaye de Longchamps : Q^1 1068, biens de 1540.

Abbaye de Saint-Denis : L. 841, droits d'épaves.

S. 2240, 2246, 2250, 2253, 2263, 2271, 2307, 2353, 2363, 2372, 2376, 2382, 2387.

Abbaye du Val-de-Grâce : S. 4556. Vignes.

Église Saint-Eustache : S. 3337.

Église Saint-Germain-l'Auxerrois : S. 3348, 3349. Rentes.

Église Saint-Laurent : S. 3414.

Église de la Madeleine de la Ville-l'Évêque : S. 3431, 3432, 3433.

Église Notre-Dame de Lorette : S. 3468.

Église Saint-Philippe du Roule : S. 3481.

Les Mathurins : S. 4252, 4262.

Les Minimes de Chaillot : S. 4306, 1 arpent loué 30 livres.

Religieuses de l'Assomption : S. 4623.

Commanderie du Temple : S. 5091. MM. 99.

Hospice Sainte-Catherine : S. 6108, le revenu du fief de Sainte-Catherine était de 86 livres.

Prieuré Saint-Anastase : Saint-Gervais, S. 6132.

Faculté de théologie : S. 6196.

Collège de Lisieux : S. 6464.

IMPRIMÉS

Voir Histoire de Paris, abbé Lebœuf, 1754. tome III, page 62.

Rectifications et additions de la même, par Bournon, 1895.

Clichy-la-Garenne, abbé Le Canu, 1848.

Histoire des Francs, saint Grégoire, 1er volume, page 796.

Testaments enregistrés sous Charles VI, page 441.
— Un seigneur de Clichy et sa femme, Olivier Ali-
gret, a été enterré dans l'église Saint-André-des-
Arts, de Paris, le 23 septembre 1532. Rectification,
Bournon, page 289.

Histoire des Francs, par saint Grégoire.

Polyptique, abbé Irminon, vers 815.

Journal de Dubuisson-Aubenay, 1648-1652.

Société de l'Histoire de Paris et de l'Ile-de-France,
tomes XI, XVIII.

23° COLOMBES

MANUSCRITS

Archives municipales. — État civil ; registre des
délibérations ; comptes des marguilliers de la cure
XVIe siècle.

Archives départementales. — Bailliage B² 1606 à
1743 ; divers L¹¹¹ an IV à l'an VIII.

Archives nationales. — Notariat (1729-1747)
ZZ¹ 83 ;

Seigneurie et terre O 19624 ;

Plan série N ;

Domaines nationaux ;

Biens du comte d'Artois. R¹ 17 à 30. O.

*Papiers des corporations religieuses ayant eu des
biens à Colombes :*

Abbaye de Saint-Denis : L. 841. S. 2199, 2833.

Abbaye Montmartre : S. 4442, rentes.

Abbaye de Saint-Germain-des-Prés : S. 2912.

Carmélites de Saint-Denis : Q¹ 1046 à 1050.

Abbaye de Longchamps : Q¹ 1054, biens.

Prieuré Saint-Denis-de-l'Estrée : S. 2386, 2404. Q. 1249.

Église des Saints-Innocents : S. 3374.

Église Saint-Étienne-du-Mont : S. 3324.

Églises du Saint-Sauveur : S. 3498.

Minimes de Chaillot : S. 4302, biens 4305 id. plus 96 livres 4 sous de rentes.

IMPRIMÉS

Voir *Histoire du diocèse de Paris*, par l'abbé Lebœuf, 1754, tome VII, page 101.

Société Histoire de Paris et de l'Ile-de-France, tome XV.

24° COURBEVOIE

MANUSCRITS

Archives municipales. — État civil ; registre délibération ; prévôté, procès-verbaux depuis 1675.

Archives départementales. — Divers : L. J⁵ 1654, an VII.

Archives nationales. — Église : O. 630 ;

Plan série N ;

Prévôté Z² 947 ;

Domaines nationaux.

*Papiers des corporations religieuses ayant eu des
biens à Courbevoie :*

Abbaye de Saint-Denis : L. 841. S. 2199, 2833.

Petits-Pères : S. 3645, 3646, 3336.

Minimes de Chaillot : S. 4305, une maison louée
400 livres.

Pénitents : H. 4060. L. 957. Q. 1436. S. 4335.

IMPRIMÉS

Histoire du Diocèse de Paris, abbé Lebœuf, 1754,
livre VII, p. 107.

Société Histoire de Paris et de l'Ile-de-France,
tome XVI.

25° LA COURNEUVE

MANUSCRITS

Archives municipales. — État civil; registre des
délibérations.

Archives départementales. — Les consulter.

Archives nationales. — Prévôté Z² 948-966 ;
Plan série N ;
Domaines nationaux.

*Papiers des corporations religieuses ayant eu des
biens à la Courneuve.*

Abbaye de Saint-Denis : L. 829, 843. S. 2199,
2833.

4.

Église Saint-Honoré de Paris : S. 1832.

Prieuré Saint-Denis-de-l'Estrée : S. 2386, 2404.
Q. 1249.

Collège de Dainville : S. 6423, biens.

Séminaire Saint-Sulpice : S. 7024-7837, ferme
de Champtournel.

IMPRIMÉS

Histoire du Diocèse de Paris, abbé Lebœuf, 1754,
livre III, page 3.

26° CRÉTEIL

MANUSCRITS

Archives municipales. — État civil ;

Registres des délibérations ;

Pièces des contributions et affaires militaires
pendant la Révolution depuis 1789.

Archives départementales. — Divers E^4 1266 à
1789 ; divers L^{IV}, 1654 à an VII ;

Documents provenant des recettes de l'Enregistrement et des Domaines.

Archives nationales. — Papiers de la paroisse,
H^5 3253-3742²-4800 (1652 à 1733) ;

L. 720. S. 3547-3548 ;

Prévôté, 1^2 974-990.

École, S. 7050 ;

Inventaire des titres Q^1 1082²⁻³ ;

Plans, série N ;

Domaines nationaux ;

L'Assistance publique de Paris possède à Créteil une ferme provenant d'un legs fait à l'Hôtel-Dieu en 1456, elle comprend 225 hectares 32 ares 45 centiares, estimés 1,126,600 francs et donne un revenu annuel de 22,384 francs.

Papiers des corporations religieuses ayant eu des biens à Créteil :

Archevêché de Paris : S. 1127-1128, 1276bis, 1316-1317.

Abbaye de Saint-Maur : S. 1164.

Abbaye de Montmartre : S. 4442, rentes.

Chapitre Saint-Honoré : L. 569, S. 1853, chapelle de Notre-Dame des Mèches.

Chapitre Saint-Louis-du-Louvre : L. 547-549, S. 1879-1884 fief de Mesly, 1891, 1896, 1897, 1898, 1899.

Prieuré de Sainte-Croix-de-la-Bretonnerie : S^t 1004, 1007, 1008, ferme de Mesly.

Les Filles-Dieu : S. 4700, 4703.

Commanderie du Temple : S. 5093.

IMPRIMÉS

Histoire du diocèse de Paris, abbé Lebœuf, 1754, livre XII, p.

Guide lignes de Vincennes–La Varenne, Parizot, 1860, p. 194.

Histoire de Saint-Maur, Pierrard, 1876, p. 189-231.

Testaments sous Charles VI, p. 537.

Mémoires de la Société des Antiquaires de France, tome XXI, p. 384.

L'Hôtel-Dieu au moyen-âge.

Antiquités de Paris, du Breul.

Journal de Dubuisson-Aubenay, 1648-1652.

Société de l'Histoire de Paris et de l'Ile-de-France, XVIII.

27° DRANCY

MANUSCRITS

Archives municipales. — État civil ;
Registres des délibérations.

Archives départementales. — Divers L⁴ 1654 an VII.

Archives nationales. — Terrier S ;
Plans divers ;
Moulin projeté sur la Morée,
Collège de Montaigu, biens, } série N ;
Fief d'Eaubonne,
Domaine d'Orléans, R⁴ 1170, 1189.
Domaines nationaux.

Papiers des corporations religieuses ayant eu des biens à Drancy.

Chapitre Saint-Merry : S. 912, le loyer de la ferme était de 1200 liv.

Prieuré Saint-Martin : L. 876, nomination du curé.

Abbaye Sainte-Geneviève : S. 1552.

Les Célestins : S. 3773, 3778.

Hôpital Saint-Lazare : S. 6591, 6747.

Les Lazaristes : MM 210 : S. 6652, ferme 6735, 6736, 6739.

IMPRIMÉS

Histoire du diocèse de Paris, abbé Lebœuf, 1754, tome V   p. 256.

28° DUGNY

MANUSCRITS

Archives municipales. — État civil depuis 1624 ;
Délibérations, registres ;
Archives départementales. — Les consulter.
Archives nationales. — Bailliage, Z^2 998, 1004 ;
Cartulaire, LL. 1165 ;
Déclaration (1716) Q^3 206¹ ;
Domaines nationaux.

Papiers des corporations religieuses ayant eu des biens à Dugny.

Abbaye de Saint-Denis : L. 843, S. 2199, 2833.

Prieuré Saint-Denis-de-l'Estrée : S. 2386, 2404 ; Q. 1249.

Église Saint-Denis-du-Pas : S. 841 à 844.
Blancs-Manteaux : S. 3691.
Collège de Montaigu : S. 6549.

Histoire du diocèse de Paris, abbé Lebœuf, 1754, tome VI, p. 254.
Étude sur Dugny, Savoye, 1893.

29° ÉPINAY

MANUSCRITS

Archives municipales. — État civil depuis 1612, année 1655 échange et plan, en 1736 procès-verbal de la bénédiction de l'église ;
Registres des délibérations ;
Archives départementales. — Divers D-M⁷.
Archives de Saint-Denis, série 1 : D. 3, 1 ;
Archives parlementaires, IV, p. 547 ;
Archives nationales, plans, série N ;
Aveu et dénombrement F² (Seine) ;
Distraction de département, D^{IVbis} 13 liasse 250 ;

Papiers des corporations religieuses ayant eu des biens à Épinay.

Prieuré Saint-Martin des-Champs : L. 876.

Prieuré de Deuil.

Abbaye Sainte-Geneviève : L. 886, S. 1553.

Abbaye Saint-Germain-des-Prés : LL. 1058.

Abbaye de Saint-Denis : L. 845, S. 2199, 2833.

Prieuré Saint-Denis de-l'Estrée : S. 2386, 2404, Q. 1240.

Église de la Madeleine de la Ville-l'Évêque : S. 3433.

Prieuré Notre-Dame-de-Grâce : S. 4643.

Commanderie du Temple : S. 5891.

IMPRIMÉS

Histoire du diocèse de Paris, abbé Lebœuf, 1754, tome III, p. 337.

Histoire des Francs, saint Grégoire, 1er volume, p. 822.

Testaments enregistrés sous Charles VI, p. 563, 565, 567.

Sur Épinay, Lefeuve, 1866.

La Marquise d'Épinay, 1866, Durand.

Le combat d'Épinay, commandant Orse, 1890.

Journal d'un bourgeois de Paris, 1405-1449.

Journal de Dubuisson-Aubenay, 1648-1652.

30° FONTENAY-AUX-ROSES

MANUSCRITS

Archives municipales. — État civil ;

Délibérations depuis 1789.

Archives départementales. — Titres féodaux, E¹ (1767) ;

Divers E⁴ (1266-1789).

Archives nationales. — Paroisse, papiers H³ 3253, 4800 (1563-1789), L. 721, S. 3553, 3554 ;

Tabellionnage, ZZ¹ 162 (1762-1778) ;

Justice, Z, 1027 ;

Plans, série N ;

Domaines nationaux.

Papiers des corporations religieuses ayant eu des biens à Fontenay.

Chapitre Notre-Dame : L. 454, L. 160, 170.

Abbaye Sainte-Geneviève : S. 1555, 1694.

Abbaye Saint-Germain-des-Prés : L. 777, 794. LL. 1068, S. 2884. La mouvance de leur fief avait été donnée à M. de Vins, président de la chambre des comptes, sans qu'ils paient aucun droit pendant 75 ans (1790).

Abbaye de Longchamps : L. 1025, biens (1760).

Abbaye Montmartre : S. 4490, terriers.

Les Chartreux ; S. 3961, 4070, 4015. 4082.

Minimes de Chaillot : S. 4302, 4305.

Commanderie de Saint-Jean-de-Latran : S. 5123, 5116, 5128, 5129, 5642, 5677, 5678. 6071.

Bailliage de Saint-Jean-de-Latran : Z² 1028, 1029.

Collège de la Sorbonne : S. 6218, vignes.

IMPRIMÉS

Histoire du diocèse de Paris, abbé Lebœuf, 1754, livre IX, p. 394.

Journal d'un bourgeois de Paris, 1405-1449.

Paris pendant la domination anglaise, 1420-1436.

L'Hôtel-Dieu au moyen-âge.

31° FONTENAY-SOUS-BOIS

MANUSCRITS

Archives municipales. — État civil ;

Délibérations municipales.

Archives départementales. — Divers, E⁴ (1266-1789) ;

Divers, L^IV 1654-an VII.

Archives nationales. — Papiers de la paroisse. H⁵ 3253, 3742, 4800 (1774-1792), L. 721, LL. 967, 968 registres de délibérations, S. 3549, 3552 ;

Justice et Bailliage, Hôpital Saint-Lazare, Z² 1046 ;

Justice du Prieuré Saint-Martin, Z² 1047 ;

Id. seigneurie du Val du Pressoir, Z⁵ 1048 ;

Plans, série N.

Papiers des corporations religieuses ayant eu des biens à Fontenay.

Chapitre Notre-Dame : L. 465, S. 340, 343, 713, Z²2549.

Prieuré Saint-Martin-des-Champs : L, 873,

S. 1346-1428, avait le droit de nommer le curé et tenir une justice.

Chapitre Saint-Honoré : S. 1839, 1842, 1843, 1844, 1850, 1851, fief du val du Pressoir, 1853 L. 569.

Chapitre Saint-Louis-du-Louvre : L. 547, 549, S. 1869-1870.

Chapitre de la Sainte-Chapelle de Vincennes : S. 1986, 2068.

Abbaye Saint-Germain-des-Prés : LL. 1043, 1068, 1100.

Abbaye Saint-Victor : L. 901, S. 2140, 2141, 2177, 2178, 2187.

Église Saint-Paul : S. 3475, un Pierre de Fontenay était curé de Saint-Paul.

Église Saint-Pierre-aux-Bœufs : S. 3486, avait maisons et terres.

Église Saint-Denis de la Châtre : S. 1061.

Les Mathurins : S. 4255.

Commanderie du Temple : S. 5088.

Hôpital Saint-Lazare : S. 6591, 6749.

Ses Lazaristes : MM. 210, S. 6672, 6676, 6727, 6732, 6738.

IMPRIMÉS

Histoire du diocèse de Paris, abbé Lebœuf, livre V, p. 42.

Guide chemin de fer de Vincennes, Parizot, 1860, p. 151.

Testaments enregistrés sous Charles VI, p. 434.

L'Hôtel-Dieu au moyen-âge.

32° **FRESNES**. — (Berny, dépendance).

MANUSCRITS

Archives municipales. — État civil depuis 1569;
Registre des délibérations.

Archives départementales. — Divers E¹ 1266 à
1789;
Les consulter pour renseignements.

Archives nationales. — Papiers de la paroisse,
S. 3535;
Justice, Z² 1504-1063 (1556 à 1790);
Notariat, ZZ¹ 163-166 (1642 à 1698);
École, S. 1046;
Plans du terroir et du château de Berny. Série N
Voir biens nationaux.

*Papiers des corporations religieuses ayant des biens
à Fresnes :*

Chapitre Notre-Dame : L. 470, S. 380, 381, 558.
Abbaye Saint-Germain-des-Prés : S. 2894, 2903,
3077, 3091, 3152.

L'abbaye y avait comme revenus :

	Livres.
Les bâtiments de la ferme en bon état et 483 arpents de terre labourables, à 25 francs l'un....................	11.575
19 remises en bois composant 10 arpents.....................	240
Prairies et sécherons, 12 arpents à 40 livres...................	480

Un pressoir rapportant	60
Maison de la faisanderie	75
Le cens est peu de chose, pas de terrier.	»
Lots et ventes, revenu année commune. . . . . , .	500
La seigneurie de Parray avec haute, moyenne et basse justice, les bâtiments de la ferme et 318 arpents de terres labourables, loué	8.000
2 arpents plantés en bois.	168
Cens, environ	30
Rente foncière.	24
Lots et ventes, environ.	400
Dixièmes de Parray.	1.800
Revenu total.	22.352
Berny.	
Le château et parc de 75 arpents. . .	2.500
Glacières, enclos d'un arpent	24
Un quinconce de 40 arpents.	600
Moulin	800
88 arpents de prés.	4.400
Revenu de Berny.	8.324

Chapitre Saint-Honoré : S. 1839.

Commanderie Saint-Jean-de-Latran : S. 5123.

Commanderie du Temple : S. 5558.

Prieuré Notre-Dame des Champs : pour Berny, voir archives du département du Loiret.

Le maître d'école recevait 100 livres de l'abbaye Saint-Germain-des-Prés.

Le procureur fisca recevait 15 livres.

Aubert La Viste, conseiller du roi, était seigneur de Fresnes; il est mort le 22 juillet 1493 et a été enterré dans l'église Saint-Merry de Paris, et sa femme en 1510.

IMPRIMÉS

Histoire du diocèse de Paris, abbé Lebœuf, t. X, p. 66.

L'Hôtel-Dieu au moyen-âge.

Paris pendant la domination anglaise.

Journal de Dubuisson-Aubenay.

Testaments enregistrés sous Charles VI, 265, 295, 566.

33° GENNEVILLIERS

MANUSCRITS

Archives municipales. — État civil.

Registre de délibérations.

Archives départementales. — L^{iv} divers, 1654 à an VII.

Voir autres renseignements généraux.

Archives nationales. — Notariat ZZ^1 (1613-1678), 168;

Prévôté, justice Z^2 1069-1095.

Voir biens nationaux.

Plan, série N.

Biens du duc d'Orléans O. 20936.

R^4 997 à 1012.

Déclaration au clergé (1716) Q^3 206.

Papiers des corporations religieuses ayant eu des biens à Gennevilliers :
Abbaye de Saint-Denis : L. 846, S. 2199-2833.
Abbaye de Longchamps : Q¹ 1054.

IMPRIMÉS

Histoire du diocèse de Paris, abbé Lebœuf, livre VII, page 84.
Sur Gennevilliers, Roque de Filhol, 1880.
Polyptique de l'abbé Irminon, publié par la Société de l'histoire de la ville de Paris et de l'Ile-de-France.

34° GENTILLY

MANUSCRITS

Archives municipales. — État civil.
Registres des délibérations;
Plans, tours quarrées, Maison-Blanche, dressés en 1786 sur ceux de 1775;
Anciens registres de décès de l'hôpital de Bicêtre, 1694.
Archives départementales. — L^IV divers, 1654 à l'an VII;
Voir autres renseignements généraux.
Archives nationales. — Paroisse L. 721, S. 3556:
Notariat (1622-1758), ZZ² 169-173:

Prévôté. Justice Z². 1096-1116 ;

Procès criminel avec le curé Z¹⁰ 227 ;

Plan, série N.

L'Assistance publique de Paris possède à Gentilly : un pré contenant 1 hectare 58 ares 60 centiares provenant d'une donation faite en 1667 à l'hôpital des Incurables ; un autre pré de 61 ares 60, loué 80 francs, d'acquisitions de 1811, 1863, 1872.

Papiers des corporations religieuses ayant eu des biens à Gentilly :

Chapitre Notre-Dame : S. 192-193, 269-271, 543-547.

Chapitre Saint-Denis-du-Pas : S. 841.

Archevêché de Paris : S. 1121, 1125, 1126.

Prieuré Saint-Denis de La Châtre : S. 1047, 1050.

Prieuré Saint-Martin-des-Champs : L. 877, S. 1354, le sous-chambrier percevait tous les cens.

Chapitre Saint-Marcel : S. 1917, 1919, 1931, 1933, L. 574.

Église Saint-Christophe : S. 3315, rentes.

Église Saint-Sauveur : 3499.

Blancs-Manteaux : S. 3680.

Abbaye Saint-Germain-des-Prés : S. 2909, les religieux y possédaient une rente de 6 livres sur les lots et ventes en 1790.

Abbaye Saint-Victor : L. 902, avait une rente de 10 livres à prendre sur des terres.

Les Chartreux étaient installés en 1259 à Gentilly. Saint Louis leur donna une maison à Vauvert, près Paris.

Collège de Bayeux : S. 6254, 6355.
Collège de Lizieux : S. 3473.
Collège de la Marche et de Winville : S. 6494.
Collège d'Harcourt : S. 6443.
Les Cordelières : S. 4677, 4678.
Les Hospitalières : 4760-4762.
Les Pères de la Merci : S. 4289.
Séminaire du Saint-Esprit : S. 6848, Q. 1351.
Séminaire de Sainte-Barbe : S. 6846.
Église Saint-Nicolas-du-Chardonneret : S. 6985.
Commanderie Saint-Jean-de-Latran : S. 5116, 5122.

IMPRIMÉS

Histoire du diocèse de Paris, abbé Lebœuf, livre X, p. 1.

L'Hôtel-Dieu au moyen-âge.

Paris pendant la domination anglaise.

Antiquités de Paris, Du Breul, p. 94.

Journal de Dubuisson-Aubenay.

Histoire de Paris, par Sauval.

Société de l'Histoire de Paris et de l'Ile-de-France, tome XX, pp. 77-136.

Histoire mémorable et espouvantable arrivée au château de Biscestre, près Paris, 1623.

La chasse donnée aux esprits du château de Bicêtre, 1634.

Les cérémonies faites dans la chapelle du château de Bicêtre le 25 août 1634.

35° L'HAY

Archives municipales. — État civil (voir année 1638);

Délibérations municipales à partir de 1788;

Registres-comptes de la fabrique (1747 à 1779).

Archives départementales. — Consulter pour renseignements généraux.

Archives nationales. — Papiers de la paroisse L. 724. S. 3568;

Prévôté, justice Z² 383, 861;

Plans, voir série N;

Terrier R⁴. 1170-1189;

Bulle du pape Clément X au sujet de la confrérie de Saint-Léonard, établie dans l'église en 1670;

Domaines nationaux;

Fief de la Tournelle, terrier ci-dessus.

Papiers des corporations religieuses ayant eu des biens à l'Hay :

Chapitre Notre-Dame : L. 464. S. 560, 568, 311, 316, 476, 480, 706, 712.

Chapitre Saint-Marcel : L. 574. S. 1931.

Abbaye Saint-Victor : L. 903. S. 2156.

Abbaye Saint-Germain-des-Prés : L. 776. S. 2390, terres.

Abbaye Montmartre : S. 4441, rentes.

Église des Saints-Innocents : S. 3374.

Voir les archives de la congrégation de l'Oratoire, riche en autographes et manuscrits.

IMPRIMÉS

Histoire du diocèse de Paris, abbé Lebœuf, livre X, page 60. — Voir l'Hôtel-Dieu au moyen-âge.

36° ILE SAINT-DENIS

Partie de territoire séparé de Saint-Denis, voir à cette ville.

Ancienne dépendance des biens de l'abbaye. — Voir L. 829, 867. S. 2199, 2833.

Bailliage Z² (1637 à 1791), 1124-1141.

Les Chartreux avaient des droits. S. 4070-4075.

IMPRIMÉS

Histoire du diocèse de Paris, abbé Lebœuf, livre III, page 285.

37° ISSY

MANUSCRITS

Archives départementales. — État civil à partir de 1570;

Registre de délibérations;

Pièces relatives aux eaux (1787 à l'an VII);

Plan de la seigneurie, levé en 1742;

Archives départementales. — L^{III} divers an IV à an VIII.

Les consulter d'une manière générale.

Archives nationales. — Papiers de la paroisse H^5 3253, 3742^2, 4800 (1695). L. 721, S. 3557;

Prévôté et Justice, Z^2 1147, 1253, 1255;

Seigneurie, R. 12;

Parlement, AD^{1B} 1, 22;

Cartulaire, LL. 1070, 1074;

Terrier, LL. 1036, 1071, 1073, 1075, 1076. S. 3033, 3038, 3078, 3079, 3079, 3093, 3094, 3167, 3194;

Papiers séquestrés, T. 1493$^{I\text{-}II}$;

Plans, village et terroir, chemin pavé de Vaugirard, ferme des Moulineaux, fief de Louviers, bâtiments de Notre-Dame-de-Lorette, série N.

Séminaire St-François de Sales : S. 1046, 1065. Q. 1453.

Hospice des Prêtres, maison des Philosophes, moulin, parc et jardin : L. 911, S. 1425.

Bulle, abbaye Sainte-Anne : L. 353.

Domaines nationaux.

Biens du prince de Conti. R^3, 11 à 17.

Papiers des corporations religieuses ayant eu des biens à Issy :

Prieuré Saint-Denis de la Châtre : S. 1046.

Abbaye Sainte-Geneviève : S. 1557, 1558, 1813, 1817.

Abbaye Saint-Magloire : L. 604 ; charge du pré-vôt, 610. S. 1194, Z² 1254.

Abbaye Saint-Germain-des-Prés : L. 763, 764 ; comptes, 799 ; bornages, 802, LL. 1036, 1049, 1052, 1070 à 1076, 1148. S. 2884 ; moulin à vent, 2908 à 2910, 2998, 3033, 3038, 3078, 3079, 3093, 3094, 3167, 3169.

En 1790, les biens, y compris ceux de Vaugirard, avaient un revenu de 5.663 livres 18 sous 4 deniers.

Église Saint-Germain-l'Auxerrois : S. 3348, 3349, rentes.

Les Chartreux : S. 3965 à 3972 ; biens et fief Louviers, 4090, 4075, 4124, 4126.

Minimes de Chaillot : S. 4303.

Prieuré Notre-Dame-des-Champs, voir archives du Loiret.

Commanderie Saint-Jean-de-Latran : S. 5119.

La Sorbonne : S. 6225, 6227, rentes, 6547.

Collège de Presles : L. 6555.

IMPRIMÉS

Histoire du diocèse de Paris, abbé Lebœuf, tome VII, p. 1.

Journal d'un bourgeois de Paris, 1405-1449.

Paris sous la domination anglaise, 1420-1436.

Antiquités de Paris, de du Breul, page 31.

Journal de Dubuisson-Aubenay, 1648-1652.

Société Histoire de Paris et de l'Ile-de-France,

mémoires, tomes VI, p. 130, 162, 165 ; VII, 97, 144 ;
VIII, 163 ; IX, 287.

Le petit Olympe d'Issy à la reine Marguerite,
1609.

Notice sur le château seigneurial d'Issy, connu
sous le nom de château de Childebert. De Brière,
1841.

38° IVRY

MANUSCRITS

Archives municipales. — État civil ;
Délibérations à partir de 1787 ;
Rôle de la taille en 1778 ;
Garde nationale à partir de 1790.
Archives départementales. — Les consulter pour
renseignements généraux.
Archives nationales. — Papiers de la paroisse
H⁵ 3253, 3743, 3748, 4800 (1611 à 1782). L 722,
723, S. 3558, 3565 à 3567.
Prévôté et Justice Z² 1257, 1260, 1261 (1534-
1569), 1775-1790).
Notariat, ZZ¹ 187 (1775-1790) ;
Plans, village, projet d'une gare, série N.
Biens du prince de Conti, R³ 98, 99,
Ferme de Milpas : S. 1194 ; charte 1083 de l'évê-
que de Paris pour ladite ferme, K, 73.
Fief du Poirier : S, 355, 356.

Echange : P. 2040, 2043.

Domaines nationaux.

L'Assistance publique de Paris possède à Ivry : 1° 26 hectares 98 ares 86 centiares de terres, loués 6.235 fr., estimés 540.000 fr., provenant d'acquisition 1851 et de legs 1873; 2° 47 hectares 07 ares 67 centiares de terres, loués 8.746 fr., estimés 470.000 fr., provenant de legs de 1873.

Papiers des corporations religieuses ayant eu des biens à Ivry :

Chapitre Notre-Dame : S. 192, 193, 422, 423, 543, 547, baux, arpentages.

Chapitre Saint-Honoré : D. 569, S. 1839.

Chapitre Saint-Marcel : L. 574, S. 1917, 1919, 1931, 1933, 1934, seigneurie.

Prieuré Saint-Martin : S. 1354.

Prieuré Notre-Dame-des-Champs : voir archives du Loiret.

Abbaye Saint-Magloire : L. 605, 610.

Abbaye Saint-Germain-des-Prés : L. 765, LL. 1024, 1130. S. 2834, 3209. K. 964, 972. Q. 1084.

Église Saint-Agnan : S. 83.

Église Saint-Jean-le-Rond : L. 531, S. 851, 11 quartiers de terre donnés en 1257, par Marcel Auboym d'Ivry, rapportant 50 livres.

Carmes Billettes : S. 3714.

Les Célestins : S. 3772.

Les Chartreux : S. 4070, 4075, 4079, 4107.

Les Mathurins : S. 4265.

Collège de la Marche et de Winville : S. 6494.

Collège de Saint-Michel : M. 188.

IMPRIMÉS

Histoire du diocèse de Paris, abbé Lebœuf, volume XII, page 136.

Journal de Dubuisson-Aubenay, 1648-1652.

39° JOINVILLE-LE-PONT

Anciennement nommé la Branche du Pont de Saint-Maur, en dépendant et détaché ; voir cette commune.

IMPRIMÉS

Histoire du diocèse de Paris, abbé Lebœuf, livre V, page 153.

Histoire de Saint-Maur-les-Fossés, par Pierrart, pages 152, 192, 250.

Guide du chemin de fer de Vincennes, 177.

40° LEVALLOIS-PERRET

Démembrement de Clichy, voir cette dernière commune.

La mairie possède toutes les pièces ayant trait à sa formation en commune.

41° LES LILAS

Démembrement du Pré-Saint-Gervais; voir cette commune.

42° MAISONS-ALFORT

MANUSCRITS

Archives municipales. — État civil ; Délibérations.

Archives départementales. — Voir pour renseignements généraux.

Archives nationales. — Papiers de la paroisse, L. 724, S. 3569 ;

Prévôté, Charentonneau et Alfort, Z° 674-678 ;

Inventaire des titres Alfort, Q¹ 1082 ²⁻³ ;

Plans de la paroisse et d'un ancien bras de la Seine ; série N. et de la ferme de Braque ;

Seigneurie de Charentonneau, T. 1061 ;

École vétérinaire d'Alfort, II. 744, 748. F¹° 91, 97, 1255, 1256, 1275, 1278, 1377, 1432.

Papiers des corporations religieuses ayant eu des biens à Maisons-Alfort :

Archevêché de Paris: S. 1122, 1276, 1319, fief de l'Image.

Abbaye de Saint-Maur: S. 1164, 1898, voir donation du domaine à l'abbaye de Saint-Maur par Hugues Capet, 28 juin 988.

Pères de la Merci, S. 4288.

Collège de Cornouaille : S. 6417, 6418.

Michel Leclerc, notaire, secrétaire du Roi, contrôleur de son écurie, seigneur de Maisons, a été enterré à l'église Saint-Paul le 22 juin 1582.

Olivier Aliquit, aussi seigneur, enterré à l'église Saint-André-des-Arts, de Paris, 23 septembre 1532.

IMPRIMÉS

Histoire du diocèse de Paris, abbé Lebœuf, livre XII, page 1.

Histoire de Saint-Maur par Pierrart, page 260
Journal de Dubuisson-Aubenay, 1648-1652.

43° MALAKOFF

Commune formée petite partie sur Vanves et la plus grande partie sur le territoire de Montrouge ; voir ces deux communes.

44° MONTREUIL-SOUS-BOIS

MANUSCRITS

Archives municipales. — État civil depuis 1535 ; Registres de délibérations depuis 1788.

Archives départementales. — Les consulter pour renseignements généraux.

Archives nationales. — Papiers de la paroisse, A. L. 724, S. 3572, 3576 ;

Tabellionnage (1583) ZZ² 263 ;

Prévôté (1577-1791) Z² 2482-2544 (1610-1790), 2545, 2548 ;

Prévôté du fief de la Pissotte Z² (1662-1724), 2549 ;

Chemins H² 2106-2126 ;

Bref L. 224, 248, 346 ;

Plan de la commune, plan du fief décanal, plan du fief de la Pissotte, série N ;

Domaines nationaux, voir papiers de la Révolution.

Papiers des corporations religieuses ayant eu des biens à Montreuil :

Chapitre Notre-Dame : L. 465, S. 340, 343, 713.

Chapitre de la Sainte-Chapelle de Paris : L. 620, 623, S. 949 rente de 14 livres de cire blanche due par le fief décanal.

Chapitre Saint-Merry : S. 910, fief lieu dit le clos Saint-Merry ou la Brimelle.

Chapitre de la Sainte-Chapelle de Vincennes : S. 1986, 2068.

Chapitre Saint-Louis-du-Louvre : L. 547, 549, S. 1869, 1870.

Prieuré Sainte-Catherine-de-la-Culture : S. 1026, 1027.

Prieuré Saint-Martin-des-Champs : L. 870, S. 1360.

Abbaye de Saint-Denis : L. 851.

Abbaye de Saint-Germain-des-Prés :

Pierre de Montreuil y construisit une chapelle.

Abbaye de Longchamps : K. 974, 981.

Abbaye Saint-Victor : S. 2080, fief des Hanots, 2134-2177, 2187, 2188, L. 904.

Abbaye Saint-Antoine : L. 1014, vignes, S. 4361, 4365, 4373, 4394, 4400, 4402, 4403.

Abbaye Montmartre : S. 4441, rentes.

Annonciades : S. 4620 (1683-1727).

Commanderie du Temple : S. 5086, 5087, 5584, 5607, 5612, 5613.

Commanderie Saint-Jean-de-Latran : S. 5114, 5116, 5119.

Collège de Beauvais : M. 101, S. 6358.

Maison Saint-Lazare : MM. 210, S. 6591, 6672, 6676, 6727, 6732, 6733, 6737, 6738, 6749.

IMPRIMÉS

Histoire du diocèse de Paris, abbé Lebœuf, volume V, page 58.

L'Hôtel-Dieu au moyen âge.

Paris pendant la domination anglaise.

Antiquités de Paris, du Breul.

Journal de Dubuisson-Aubenay.

Histoire de Saint-Maur, par Pierrart.

Mémoires pour curé et marguilliers de Montreuil

contre le procureur général et le seigneur de la paroisse, 1764, in-4.

Chemin de Fer de Vincennes.

Discours sur les jardins de Montreuil, par Mussay-Palay. Bibliographes agronomes, 1810.

Les fastes de Montreuil-les-Pêches, par Johanneau, 1842.

Mémoires de la Société de l'Histoire de Paris et de l'Ile-de-France, tome IV, pp. 78-79.

Notice sur les cloches de l'église de Montreuil-sous-Bois, Paris, 1884, in-8.

45° MONTROUGE

MANUSCRITS

Archives municipales. — État civil ;
Délibérations.

Archives départementales. — Les consulter pour renseignements généraux, L. IV, divers 1654 à l'an VII.

Archives nationales. — Papiers de la paroisse L. 724, S. 3577 ;

Papiers de la fabrique, T. 1493 [1 11] ;

Parlement A D [1b] ;

Bailliage, petit Montrouge, Z² 2551, 2552 ;

Bulles L. 364, 366 ;

Plans de la commune et des fiefs, série N.

L'Assistance publique de Paris possède à Montrouge partie de 1 h. 58 a. 60 c. de terres estimé 16760 francs, loué

836 francs, provenant de donation à l'hôpital des Incurables en 1667, plus 9 ares 46 cent. estimés 9,400 francs, loués 700 francs et de même origine.

Papiers des corporations religieuses ayant eu des biens à Montrouge :

Chapitre Notre-Dame : L. 454, S. 160, 171, 269, 271.

Saint-Magloire et Saint-Jacques-du-Haut-Pas : L. 602, S. 1163.

Abbaye Sainte-Geneviève : S. 1813, 1817.

Église des Saints-Innocents : S. 3374.

Blancs-Manteaux : S. 3675, rentes 3677, 3678.

Dans une déclaration de 1373, il est dit : « Ils ont à Montrouge, près de Paris, une maison et trois arpents de vignes lesquels sont chargés envers la seigneurie du dit lieu de LX sols de rente par an ».

Les Chartreux : S. 4070, 4075.

Les Mathurins : S. 4260.

Collège des Prémontrés : S. 4342, maison.

Ermites de l'ordre Saint-Guillaume : L. 297, 287.

Frères Saint-Jean-de-Dieu : L. 963.

Commanderie Saint-Jean-de-Latran : S. 5117, 5117 bis, 5119, 5122, 5129, 5651, 5679, 5680, 6071.

Collège des Cholets : S. 6402.

Prieuré de Notre-Dame-des-Champs : S. 6996 et voir les archives du Loiret.

IMPRIMÉS

Histoire du diocèse de Paris, abbé Lebœuf, tome IX, page 239.

Testaments enregistrés sous Charles VI, page 489.

Journal d'un bourgeois de Paris, 1402-1449.

Paris pendant la domination anglaise, 1420-1436.

Journal de Dubuisson-Aubenay.

Arrêts contre le curé de Montrouge et les habitants qui fixent le territoire de la paroisse, XVIIᵉ siècle.

46° **NANTERRE**

MANUSCRITS

Archives communales. — État civil depuis 1540; Délibérations depuis 1787.

Archives départementales. — E³ divers 1266 à 1789;

Consulter pour questions générales.

Archives nationales. — Papiers des paroisses Saint-Maurice et Sainte-Geneviève L. 724. S. 3619;

Cure L. 879, 887;

Cartulaire Génovéfains LL. 1448;

Titres domaniaux, collège Q. 1409;

Plan de la commune et route de Paris à Saint-Germain, série N. ;.

Domaine du comte d'Artois, R. 17 à 30. O. 19624, 19625;

Justice (1548 à 1785) Z² 2566.

L'Assistance publique de Paris possède à Nanterre 4 hectares 98 ares 05 centiares de terre estimés 20,000 francs, loués 670 francs, d'un legs de 1887.

Domaines nationaux, voir papiers du canton.

Papiers des corporations religieuses ayant eu des biens à Nanterre :

Abbaye Sainte-Geneviève : L. 880, 881, 883, LL. 1448, S. 1564 à 1566, 1702, 1703, 1711, 1785, 1790, 1791 et 1802. Seigneurie.

Abbaye Saint-Denis : L. 852, S. 2199, 2833.

Abbaye de Longchamps : Q¹ 1073. Biens.

Abbaye Saint-Germain-des-Prés : S. 2912.

Abbaye de Port-Royal : 4518. Biens.

Les Carmélites de Saint-Denis : Q. 1046, 1050.

Les Cordelières de la rue de l'Ourcine : S. 4679.

Les Filles-Dieu : S. 4703, 4717, 4718.

Les Chanoines réguliers : Q¹ 1049.

Les Jacobins réformés dits Dominicains : S. 4220, 4221.

Les Filles Sainte-Élisabeth : S. 4690.

Église des Saints-Innocents : S. 3374.

Église Saint-Landry : S. 3412.

IMPRIMÉS

Histoire du diocèse de Paris, abbé Lebœuf, tome VII, p. 112, id. tome V, p. 73.

Histoire des Francs, de saint Grégoire, p. 715.

Testaments enregistrés sous Charles VI, pages 45 et 349.

Journal d'un bourgeois de Paris, 1402-1449.

L'Hôtel-Dieu au moyen-âge.

Antiquités de Paris, du Breul.

Journal de Dubuisson-Aubenay.

Histoire de Paris, Sauval.

Histoire de Paris, par dom Félibien.

Découverte du cimetière mérovingien au sud de l'église, 1883.

Combat contre les alliés, 1815.

Voir ouvrages sur le Mont-Valérien.

47° NEUILLY-SUR-SEINE

MANUSCRITS

Archives municipales. — État civil;

Registre de délibérations.

Archives départementales. — L^v divers 1664 à l'an VII;

Voir pour renseignements généraux.

Archives nationales. — Prévôté (1851 à 1790), ZZ² 2608, 2663;

Notariat (1625-1694), ZZ¹ 273;

Déclaration au clergé (1716) Q 206;

Cartulaire, censives LL. 1163, Q¹ 1068;

Domaine F¹ 7, O. 19297, terrier. Prince de Conti. Port R. 4, 5. Prince de Conti;

Droit sur les bateaux passants Z^{1E} 479, prince de Conti ;

Seigneurie O^1 1581. Vente Q^1 1070. R ‑1 à 5, prince de Conti ;

Pont F^{14} 193, 194, 204, O^1 1694, Q^1 1069, Z^{1F} 1069 ;

Plans divers Q^1 1075-1077 ;

Plan du chemin de Paris et de Puteaux, série N ;

Plan du jardin du duc de Praslin, série N ;

Plan du château de Bagatelle, série N ;

Mobilier du susdit, O^2 638 à 767. O^3 1974-2099 ;

Union de la cure au chapitre Saint-Honoré de Paris L. 726 ;

Fabrique de l'église Saint-Martin de Villiers, S. 4805 ;

Domaines nationaux, révolution.

Papiers des corporations religieuses ayant eu des biens à Neuilly-sur-Seine :

Prieuré Saint-Martin-des-Champs : S. 1429.

Prieuré de Saint-Denis-de-l'Estrée : Q^1 1429, S. 2386, 2404.

Chapitre de l'église Saint-Merry : S. 912.

Chapitre Saint-Honoré, de Paris, L. 569. Villiers-la-Garenne S. 1840.

Chapitre Saint-Louis du Louvre : L. 547, 549, S. 1854-1913.

Abbaye Sainte-Geneviève : S. 1567.

Abbaye de Saint-Denis : L. 852, LL. 1164, Q^1 1076, S. 2375, bail maison la Chanterie.

Abbaye de Longchamps : K. 974 à 981, L. 1020

(en 1266 biens), 1022, Q. 1069-1070, biens et pont Q¹ 1074.

Abbaye de Montmartre : S. 4440, biens et cens.

Sainte-Périne-de-Chaillot : S. 4513. Biens et rentes.

Dames de Saint-Cyr : Q¹ 1071.

Église Saint-Philippe-du-Roule : S. 3481.

IMPRIMÉS

Histoire du diocèse de Paris, abbé Lebœuf, t. III, page 79.

Joarnal de Dubuisson-Aubenay.

Histoire de Paris, par dom Félibien.

Histoire de Neuilly et de ses châteaux, par l'abbé Bellanger, 1855.

Déposition du curé de Neuilly, mémoires au Conseil d'État, 1864-1866.

Neuilly sous la Commune, 1871.

Villiers-la-Garenne et Neuilly, les Fermes, le Château de Madrid, la Porte-Maillot, Sablonville, Saint-James, par Bournon, Paris, 1895, in-8. Champion.

48° NOGENT-SUR-MARNE

MANUSCRITS

Archives municipales. — État civil ;

Délibérations municipales ;

Délibérations des assemblées de charité en 1787.

Archives départementales. — Les consulter pour renseignements généraux.

Archives particulières. — Papiers de l'étude du notaire;

Livres de l'ancienne seigneurie de Bry-sur-Marne. Livre Ier, art. xv. Livre III, page 44.

M. Mentienne, ancien maire de Bry, possède quelques documents anciens sur Nogent.

Archives nationales. — Papiers de la paroisse L. 724, S. 3578, 3579.

Dans ces papiers se trouvent des documents intéressants sur la donation du curé Carreau des maisons entourant la place de l'église, sur leurs servitudes et droits.

Notariat (1609 à 1720) ZZ[i] 274-281 ;

Bailliage et justice de la seigneurie (1500 à 1790) Z[2] 2664-2712 ;

Bailliage du fief de la Queue de Bry (1727-1766) Z[2] 2712 ;

Bailliage de Plaisance (1783-1790) Z[1] 3908 ;

Pacage AD[1B1] 22. Seigneurie du Perreux;

Domaines nationaux, voir cantons Q.

L'abbé Lebeuf dit à son article sur Montmartre que Pierre de Montmartre, docteur en théologie qui vivait vers 1494, est né à Nogent-sur-Marne ; jusqu'en 1860, il existait une famille Montmartre à Nogent.

Clovis III, roi de France, le 5 mai 692, date une charte de Nogent.

Plans de maisons diverses, série N.

Papiers des corporations religieuses ayant eu des biens à Nogent :

Abbaye Saint-Maur, réunie au chapitre Saint-Louis-du-Louvre : L. 547, 549. S. 1859, maisons, 1860, terres 1861, seigneurie; 1864, seigneurie du Perreux, Plaisance 1865, fief de la Pinelle, 1890, 1802, 1900, 1901, 1902, 1903.

Prieuré Sainte-Croix-de-la-Bretonnerie : S. 1004-1007.

Prieuré Saint-Martin-des-Champs : L. 871. S. 1400.

Chapitre de la Sainte-Chapelle de Vincennes : S. 1986-2063.

Abbaye Saint-Germain-des-Prés : L. 754. Charte, 755, 757.

Commanderie du Temple : S. 5091, 5256, 5257, 5258.

Commanderie Saint-Jean de Latran : S. 5114.

En 861, les religieux de Saint-Germain-des-Prés, fuyant les Normands, transportèrent leurs reliques des corps de saint Germain, saint Georges et sainte Aurèle à Nogent-sur-Marne. Les Normands étant arrivés à Saint-Maur, les religieux remontèrent la Marne jusqu'à Meaux.

(*Histoire de Saint-Germain-des-Prés*, p. 48).

En 1082, l'église de Nogent avait été cédée aux mêmes religieux.

(*Histoire de Saint-Germain-des-Prés*, p. 80).

Moulins de Beauté, voir Testaments enregistrés sous Charles VI, vendus par Henri II en 1586.

IMPRIMÉS

Histoire du diocèse de Paris, abbé Lebœuf, t. VI, page 1 ; id. t. V, page 50, sur Beauté.

Histoire des Francs, par saint Grégoire, pages 356-359.

Testaments enregistrés sous Charles VI.

Journal d'un bourgeois de Paris, 1405-1449.

Journal de Dubuisson-Aubenay, 1648-1652.

Histoire de Paris, par Sauval, livre VII, p. 289.

Histoire de Paris, par dom Félibien.

Histoire de l'abbaye de Saint-Germain-des-Prés, par dom Bouillart, pages 43 et 80.

Mémoires de la Société Histoire de Paris et de l'Ile-de-France, Bulletin I, page 48. (Concierges de l'hôtel de Beauté en 1396).

Notice historique, marquis du Perreux, 1855.

Histoire de Nogent, par la baronne de Girard, Vézenobre, 1878.

Histoire du Perreux, Mentienne, 1891.

Tombeau de Watteau, historique, 1865.

Guide du chemin de fer de Vincennes.

49° NOISY-LE-SEC

MANUSCRITS

Archives municipales. — État civil ;

(Voir une note du curé sur la couverture des registres des années 1683 à 1693) ;

6.

Registre confrérie de charité, 1700 à 1787 ;

Registre délibérations ;

Archives départementales. — Les consulter pour renseignements généraux.

Archives nationales. — Papiers de la paroisse L. 724, S. 3620-3623;

Prévôté (1666-1790), Z² 2714 ;

Chemins H² 2106, 2116 ;

Seigneurie (prince de Conti) R 1 à 5;

Plan, voir série N.

Domaines nationaux, voir canton.

Papiers des corporations religieuses ayant eu des biens à Noisy-le-Sec :

Abbaye Saint-Maur-des-Fossés, réunie au Chapitre de Saint-Louis-du-Louvre : L. 547, 549. S. 1318, 1862, 1863. Seigneurie.

Abbaye de Saint-Denis : L. 852, S. 2199, 2833.

Abbaye Saint-Antoine : L. 1014. S. 4362, 4362 *bis.* Seigneurie : 4365, 4375, 4394, 4485, terrier.

Prieuré Saint-Martin-des-Champs : L. 871 et autres.

IMPRIMÉS

Histoire du diocèse de Paris, abbé Lebœuf, t. VI, page 283.

Histoire de Paris, Sauval, t. III, page 453.

Histoire de Saint-Maur, par Pierrart.

Arrêt du 13 mai 1782 portant règlement pour la fabrique de Noisy-le-Sec.

50° ORLY

MANUSCRITS

Archives municipales. — État civil depuis 1563 ; Délibérations.

Archives départementales. — L^{IV} divers, an VI. Voir pour renseignements généraux.

Archives nationales. — Papiers de la paroisse, L. 725, S. 3580, 3581 ;

Justice Z^2 (1551-1787) 2725-2755 ;

Notariat ZZ^1 (1619-1620), 300 ;

Échange P. 2021, 2112, 2119 ;

Territoire, F^2 493 ;

Plan de la paroisse et de la ferme seigneuriale, série N ;

Papiers de famille du curé Barraud. T. 703.

L'Assistance publique de Paris possède à Orly 14 hectares 44 ares 90 centiares provenant d'un legs de 1873, d'une valeur de 144,000 francs et loués 2920 francs.

Domaines nationaux, voir canton de Villejuif. Q. *Papiers des corporations religieuses ayant eu des biens à Orly :*

Chapitre Notre-Dame-de-Paris : L. 466, S. 344, 351, 569, 574, 575, 578, 714, 723, 483, 493.

Chapitre Saint-Marcel : S. 1331.

Église Saint-Denis-du-Pas : S. 841.

Prieuré Saint-Éloi : S. 841.

Abbaye de Longchamps : L. 1020. Biens.

Abbaye Saint-Victor : S. 1186.

Église Saint-Nicolas-du-Chardonneret : S. 2464, 3465.

Collège de Cornouailles : S. 6417-6418.

Collège de Montaigu : S. 6519.

IMPRIMÉS

Histoire du diocèse de Paris, abbé Lebœuf, t. XII, page 147.

51° PANTIN

MANUSCRITS

Archives municipales. — État civil depuis 1853 ; Délibérations municipales.

Archives départementales. — L^m divers an IV à an VIII.

Voir pour renseignements généraux.

Archives nationales. — Papiers de la paroisse, S. 3624, 3625 ;

Prévôté, Z² (1712-1790) 3843, 3858 (1600-1790), 3921, 3949.

Péage, H⁴ 3167-3187, id. à Mmes de Saint-Cyr, 3182 ;

Déclaration de tailles, Z^{1g} 271 ;

Titres domaniaux, Q¹ 1039 à 1080 ;

Plans, série N.

Papiers des corporations religieuses ayant eu des biens à Pantin :

· Abbaye de Saint-Denis, L. 852 : S. 2199, 2833 ;
Prieuré Saint-Denis-de-la Châtre : S. 1050, 1059 ;
Prieuré de Saint-Éloi : S. 1184 et 1184bis ;
Prieuré Saint-Martin-des-Champs : L. 873, 877 ; S. 1364, 1473, 1489.

Les religieux y avaient vignes et pressoir, la nomination du curé et aussi une ferme nommée Rouvray, louée 6,700 livres.

Prieuré Saint-Denis-de-l'Estrée : S. 2386, 2404 Q. 1249 ;
Église Saint-Denis-du-Pas : S. 841 à 844 ;
Église Saint-Jean-en-Grève : S. 3408, vignes ;
Les Célestins : S. 3773, 3778 ;
Église Saint-Laurent : S. Laurent, S. 3414, 3415 ;
Faculté de théologie : S. 6196 ;
Collège de Navarre : S. 6542 ;
Maison Saint-Lazare : S. 6591, 6642, 6749.

IMPRIMÉS

Histoire du diocèse de Paris, abbé Lebœuf ; t. VI, p. 297 ;
Testaments enregistrés sous Charles VI, p, 428 ;
Journal d'un bourgeois de Paris, 1402-1449 ;
Histoire de Paris, dom Félibien.

52° LE PERREUX

MANUSCRITS

Démembrement de Nogent-sur-Marne.

Consulter cette commune :

Aux archives nationales, voir papiers de François de Neufchateau, propriétaire du domaine du Perreux, AB^{xix} 75-91 ;

Aux anciennes archives départementales il y avait un inventaire de 1776, registre in-folio ;

M. Mentienne, ancien maire de Bry, a quatre volumes in-folio, manuscrits concernant l'ancienne seigneurie du Perreux, qu'il se propose de déposer aux archives départementales, ainsi que divers parchemins.

Le bénitier qui est dans la nouvelle église provient d'une chapelle du xii° siècle, que les religieux de Saint-Martin-des-Champs avaient fait construire à Noisy-le-Grand, et qui a été démolie en 1865.

IMPRIMÉS

Histoire du diocèse de Paris, abbé Lebœuf, t. VI, p. 15 ;

Histoire de la seigneurie du Perreux, par Mentienne, 1891 ;

Les derniers seigneurs du Perreux ;

Trouvailles d'ossements humains au Perreux, de l'époque tertiaire, par Eck, 1897.

PIERREFITTE

MANUSCRITS

Archives municipales. — État civil depuis 1700;
Délibérations;

Archives départementales. — L^m divers an IV à
an VIII;

Oⁿ divers an IV à an VIII;

Voir renseignements généraux.

Archives nationales. — Bailliage, seigneurie Saint-
Gervais Saint-Protais, 1785-1789, Z² 3898, 3899;

Prévôté Z² (1776-1790), 3900, 3905;

Prévôté du fief de Bechors, Z² 3906;

Plans, voir série N;

*Papiers des corporations religieuses ayant eu des
biens à Plessis-Piquet :*

Abbaye de Saint-Denis, L. 852, S. 2199, 2262,
2364, 2833;

Prieuré Saint-Denis-de-l'Estrée, S. 2386, 2404,
Q. 1249;

Séminaire de Saint-Sulpice, S. 7037, biens.

IMPRIMÉS

Histoire du diocèse de Paris, abbé Lebœuf, t. III,
p. 321-324;

Testaments enregistrés sous Charles VI;

Histoire de Paris, par Sauval.

PLESSIS-PIQUET

MANUSCRITS

Archives municipales. — État civil ;
Délibérations depuis 1788.
Archives départementales. — Voir pour renseignements généraux.
Archives nationales. — Papiers de la paroisse, L. 725, S. 3582 ;
Plan du terrain de l'abbé Gradot, série N.
Domaines nationaux.
Papiers des corporations religieuses ayant eu des biens à Plessis-Piquet :

Chapitre Notre-Dame, L. 455 : S. 203, 557, Z² 774, 783 ;
Les Feuillants, S. 4217, 4248.

IMPRIMÉS

Histoire du diocèse de Paris, abbé Lebœuf, t. XII. p. 1.
Tissier, Notice sur le Plessis-Picquet. Paris, Hachette, in-8.

55° PRÉS-SAINT-GERVAIS

MANUSCRITS

Archives municipales. — État civil ;
Archives départementales. — Voir pour renseignements généraux :

Archives nationales. — Prévôté (1600 à 1790), Z² 3921-3946;

La mairie de Pantin possède des titres de la chapelle des Prés-Saint-Gervais (1613);

Plans, série N;

Abbaye de Saint-Denis, L. 852;

Abbaye de Longchamps, Q. 1068bis, biens;

Abbaye Saint-Antoine, L. 1014, charte par laquelle l'évêque de Paris atteste l'abandon des biens par les hospitaliers de Saint-Thomas-du-Louvre;

Église Saint-Denis-du-Pas, S. 841 à 844;

Sainte-Périne-de-Chaillot, S. 4513, biens et rentes;

Hôpital Saint-Lazare, MM. 210. S. 6638, 6640, 6646, 6648, 6726, 6734.

IMPRIMÉS

Histoire du Diocèse de Paris, abbé Lebœuf, t. VI, p. 302.

56° PUTEAUX

MANUSCRITS

Archives municipales. — État civil;
Délibérations.

Archives départementales. — Voir pour renseignements généraux.

7

Archives nationales. — Chemin de Neuilly F¹¹ 204;

Plan de la commune et des terrains du duc de Guiche. Série N.;

Domaines nationaux.

Papiers des corporations religieuses ayant eu des biens à Puteaux :

Abbaye Saint-Denis : L. 852, S. 2199, 2833.
Abbaye de Longchamps : Q¹ 1054, iles.
Abbaye Saint-Germain-des-Prés : LL. 1041, S. 2913.
Religieuses de l'Assomption : S. 4631.
Filles Sainte-Élisabeth : S. 4690.

IMPRIMÉS

Histoire du diocèse de Paris, abbé Lebœuf, t. VII, page 82.

57° ROMAINVILLE

MANUSCRITS

Archives communales. — État civil;
Voir année 1787 construction de l'église;
Plan de la forêt dressé en 1780;
Délibérations municipales.
Archives départementales. — L¹ᵛ divers. 1654 à l'an VII;

Voir renseignements généraux.

Archives nationales. — Papiers de la paroisse, S. 3626;

Église O. 659;

Bailliage Z² 3959, 3964 (1787-1790);

Plan d'un changement de chemin lieu dit les Brières. Série N.;

Domaines nationaux.

Papiers des communautés religieuses ayant eu des biens à Romainville :

Chapitre de l'église Saint-Benoît : S. 898, rentes;

Église Sainte-Marie-Madeleine de la Cité, S. 3429, rente de 12 livres 17 sous;

Célestins : S. 3778;

Les Mathurins : S. 4260;

Commanderie du Temple : S. 5097;

Commanderie Saint-Jean de Latran : S. 5114, 5116, 5119, 5128.

La femme de Jean Joly, seigneur de Romainville, a été enterrée à Saint-Jacques-la-Boucherie en 1540.

IMPRIMÉS

Histoire du diocèse de Paris, abbé Lebœuf, t. VI, page 291.

Société Histoire de Paris et de l'Ile-de-France, VIII, 143, 157, 162. (Les Lilas, 76, 84), XIX-21.

58° ROSNY-SOUS-BOIS

MANUSCRITS

Archives communales. — État civil ;
Délibérations depuis 1780.
Archives départementales. — E⁴ divers 1266-1789 ;
Voir renseignements généraux.
Archives nationales. — Papiers de la paroisse,
L. 725, S. 3583-3584 ;
Notariat ZZ¹ (1572-1741), 319, 333 :
Prévôté Z² (1523-1744), 3965-3982 ;
Plan de la seigneurie. Série N. ;
Domaines nationaux.

Papiers des corporations religieuses ayant eu des biens à Rosny :

Abbaye Sainte-Geneviève : L. 886, 879, S. 1571,
1712, 1717, 1718, 1720, 1721, 1722, 1803, 1817.
Seigneurie.
Commanderie du Temple : L. 876, biens, charte
de 1183. S. 5097.

IMPRIMÉS

Histoire du diocèse de Paris, abbé Lebœuf, t. VI,
page 322.
Testaments sous Charles VI, p. 433.
Paris pendant la domination anglaise.

RUNGIS

MANUSCRITS

Archives municipales. — État civil;
Délibérations.

Archives départementales. — Voir pour renseignements généraux.

Archives nationales. — Papiers de la paroisse,
S. 3585;

Seigneurie Z² 924;

Justice Z² (1556-1790), 1054, 1063;

Prévôté Z² (1556-1779), 3987;

École de la paroisse, S. 7046;

Eau conduite à Paris, O¹ 159ɔ;

Plan du terroir. Série N.;

Domaines nationaux.

*Papiers des corporations religieuses ayant eu des
biens à Rungis :*

Chapitre Notre-Dame : L. 470, S. 380, 381, 558.

Abbaye Sainte-Geneviève : L. 887. Fabrique,
église S. 1575, 1576, 1723, 1807, 1809, 1810. Seigneurie.

Abbaye Saint-Victor : S. 2156.

Célestins : S. 3743, pour les eaux.

Religieuses de l'Assomption : S. 4631.

Commanderie du Temple : S. 5558.

IMPRIMÉS

Histoire du diocèse de Paris, abbé Lebœuf, t. X, page 71.

L'Hôtel-Dieu au moyen-âge.

SAINT-DENIS

MANUSCRITS

Archives municipales. — État civil;

Archives depuis le xviie siècle;

Délibérations depuis 1720;

Fonds moderne considérable;

Trente cartons et trente registres provenant de l'abbaye.

Archives départementales. — L⁹ district 1791 à l'an IV;

Voir pour renseignements généraux.

Archives particulières. — Le Chapitre;

Les études de notaires;

Le greffe des justices;

Archives nationales. — Titres domaniaux O¹ 1903, 1905;

Écoles LL. 1312, 1314;

Foire du Landit, K. 931, 932;

Péage, H. 3182, H¹ 3167, 3187;

Hôtel-Dieu, S. 6115;

Maison de la Légion d'Honneur, O 812, 842.

Métiers K. 930;

Notariat (1581-1630), ZZ¹ 336, 357;

Pont, portes, murailles H. 2106, 2126;

Canal F¹⁴ (1783-1786), 690;

Manufacture de soude, O. 2077;

Plan de la ville et terroir, série N.;

Plans des remparts et fossés, série N.;

Rôles des tailles, Z^{G1} 273, 275;

Paroisses, L. 725;

Confréries, cure, nominations, LL. 1183;

Églises Sainte-Croix, Saint-Martin, Saint-Michel, L. 276, S. 3614, 3618;

Saint-Marcel, les trois patrons (1715-1766), H³ 3253, 4764, 4800. LL. 969, Q. 1050. S. 3615, 3617, 3626;

Vente de biens nationaux, Q.

Papiers des communautés religieuses ayant eu des biens à Saint-Denis ou y résidant encore :

Ursulines : O. 662. Q. 1044^{IR} S.4774.

Plans de leurs biens, à Aubervilliers, à Fontenay-les-Louvres, à Mareil-en-France, au Plessis-Gassot et à Villaines, Série N.;

Visitandines (Visitation Sainte-Marie) : S. 4809, 4811.

Abbaye Montmartre : L. 1031, discussion, S. 4414, inventaire, déclaration 1790.

Annonciades : Q¹ 1043, S. 4622.

Blancs-Manteaux : S. 3691.

Prieuré Saint-Martin-des-Champs : S. 1433.

Prieuré Saint-Denis-de-l'Estrée : Q. 1249. S. 2386, 2404.

Prieuré de la Ville-l'Évêque : S. 3433.

Abbaye Saint-Magloire : L. 404 (charges du prévôt).

Église des Saints-Innocents : S. 3374.

Carmélites : O. 667. Q. 1046 à 1050.

Notre-Dame-de-Grâce : S. 4643, 4646.

Plan de leurs propriétés. Série N.

Récollets : L. 959. S. 4354.

Commanderie du Temple : S. 5091.

Chapitre Saint-Paul : L. 236, 238, Chartreux : LL. 668, 677; registres, fondations : S. 4070, 4075.

Fief des Porcherons, plan, série N.

Abbaye de Saint-Denis.

Chartes, J. 156, K. 165, 179. O. 662, L. 829, 867.

Bulles, cartulaires : L. 220, 222, 223, 226, 228, 229 à 234. LL. 1156, 1327.

Officialité, offices, synodes et reliques : L. 866, LL. 1325.

Mémoires des religieux au sujet du chef de Saint-Denis : LL. 1324, 1326.

Comptabilité : LL. 1270 1311, à 1317-1319.

Tombeaux royaux : O. 1903 à 1906.

Trésor : LL. 1327.

Titres de la basilique : L. 829, 867, S. 2199, 2833.

Bailliage (1601-1791), Z² 4006², 4136.

Prévôté des foires : (1756-1790), Z² 4137.

Prévôté de la cuisine : (1753-1590), Z² 4138-4144.

Plans de l'abbaye, des jardins, du perron de l'église, des projets de reconstruction, de la seigneurie. Série N.

Plans de ses biens : à Aubervilliers, à Belle-Assise, à Janville, à Mayvilliers, à Vert-Saint-Denis, à Villeneuve-Saint-Denis. Série N.

Biens dans le département de la Seine.

Canton de Saint-Denis : S. 2229 à 2262.

Canton de Nanterre : S. 2263 à 2270.

Canton de Neuilly : S. 2271 à 2275.

Canton de Pantin : S. 2276 à 2280.

Cantons de Charenton et de Villejuif : S. 2281.

Autres biens dans l'Aisne et les Ardennes : S. 2109 à 2204 ; Allier, 2205 ; Aube, 2206 ; Eure-et-Loir, 2207-2208 ; Indre, 2209 ; Loiret, 2210 ; Manche, 2211 à 2219 ; Moselle, 2220 ; Oise, 2221 à 2237 ; Orne, 2238 ; Seine-et-Marne, 2284 à 2306 ; Seine-et-Oise, 2307 à 2353.

Baux à cens et à rente, 2354 à 2371.

Baux à loyer et à terme, 2372 à 2380.

Déclarations et actes d'administrations (1790-1791), S. 2381 à 2385.

Prieuré Saint-Denis-de-l'Estrée : 2386, 2404.

Inventaires : 2405 à 2435.

Registres des fiefs : 2436 à 2444.

Registres des cures : 2445 à 2457.

Ensaisinements : 2458 à 2517.

Censives, cueillerets et cueilloirs, 2546 à 2667.

Terriers et déclarations : 2668 à 2833[1-2].

IMPRIMÉS

Histoire du diocèse de Paris, abbé Lebœuf, livre III, pages 173-238.

Histoire des Francs, saint Grégoire.

Testaments enregistrés sous Charles VI.

Journal d'un bourgeois de Paris, 1402-1449.

Paris sous la domination anglaise.

L'Hôtel-Dieu au moyen-âge.

Antiquités de Paris, par du Breul.

Journal de Dubuisson-Aubenay.

Société Histoire de Paris et de l'Ile-de-France, tome III, pages 112, 166, 218,241 ; t. IV, pages 24, 164 ; t. V, pages 1, 39, 154 : t. VI, page 250 ; t. VIII, pages 25, 108, 129, 130, 177 ; t. XV, p. 1, 163, 197.

Histoire de Paris, Sauval.

Histoire de Paris, dom Félibien.

Sur l'abbaye :

Histoire de l'abbaye, Jacques Doublet, 1625, in-4°.

Histoire de l'abbaye, dom Michel Félibien, in-fol.

Histoire de l'abbaye, Guilhermy.

Les Tombes royales et leurs extractions, par Georges d'Helly, 1872.

Histoire de Saint-Denis, par Bournon, in-12. (Armand Collin).

Le Tombeau des Valois à Saint-Denis, Boislisle.

L'Abbaye de Saint-Denis, Mlle Félicie d'Ayzac, 2 vol. in-8. (Imprimerie nationale.)

61° SAINT-MANDÉ

MANUSCRITS

Archives communales. — État civil;

Délibérations;

Terriers et cueilloirs de la seigneurie, XVIIe et XVIIIe siècles — 5 volumes;

Voir aux archives municipales de Vincennes une déclaration pour le terrier de la seigneurie de Saint-Mandé, 1749-1781.

Archives départementales. — Voir aux renseignements généraux.

Archives nationales. — Prévôté (1778-1790), Z², 4158-4159.

Plans du terroir et d'une clôture, série N.

Seigneurie, Q¹ 1099¹⁻².

Chartes (1265-1275), Z. 157^{A-B}.

Prieuré, S. 1152.

Domaines nationaux.

Corporations religieuses ayant eu des biens à Saint-Mandé.

Abbaye Saint-Magloire : L. 605, S. 1152.

Abbaye Saint-Antoine : S. 4357, 4358, 4364, biens.

Chapitre Saint-Louis-du-Louvre : S. 1859, maisons.

Chanoinesses de Picpus : S. 4749, terrier, revenu, 110 livres.

Biens du prieuré Saint-Anastase ou Saint-Gervais : S. 6132.

Carmes Déchaussés, droit à la desserte de Saint-Mandé, 223 livres de revenus.

Histoire du diocèse de Paris, abbé Lebœuf, tome V, p. 36.

Journal de Dubuisson-Aubenay.

Acte de fondation, Hospital de Saint-Mandé en 1706, annoté par M. Titon, conseiller au Parlement.

Procès Fouquet.

Société Histoire de Paris et de l'Ile-de-France, tome XVI, p. 188.

Guide chemin de fer de Vincennes, 1860.

Histoire de Saint-Maur, par Pierrart.

Notice historique sur Saint-Mandé, par Ulysse Robert, 1889.

62° SAINT-MAUR.

MANUSCRITS

Archives municipales. — État civil ;

Délibérations ;

Titres de la maison où est l'école des filles, 1549.

Terrier de la baronnie de Saint-Maur, 1682.

Archives départementales. — Voir pour renseignements généraux.

Archives nationales. — Papiers de la paroisse, S. 3570, 3571.

Notariat, ZZ¹ (1667-1789), 361, 363 ;

Plan du terroir, du bourg, du château et du parc, série N ;

Domaines nationaux ;

Papiers séquestrés, V⁷ 485 ;

Bâtiments de Catherine de Médicis, KK 124 ;

Château des Princes, K. 564 ;

Prévôté et bailliage de la baronnie, Z² (1536), 4160, (1592-1790) 4160² ;

Titres de propriété, Q¹ 1082ᵏ, S. 1212⁵⁻⁶, 1164, 1196.

Papiers des corporations religieuses ayant eu des biens à Saint-Maur :

Abbaye Saint-Magloire : L. 303, relatif à la cure.

Église Saint-Denis-du-Pas : S. 841 à 844.

Chapitre Saint-Benoit : S. 896.

Chapitre Saint-Louis-du-Louvre : L. 547, 549, S. 1860-1865, terres, 1879.

Chapitre Saint-Marcel : H. 3377, S. 1917.

Église Saint-Séverin : S. 3505, 3506.

Hôpital Saint-Lazare : S. 4876.

Papiers de l'Abbaye.

Chartes (1210-1258) : J. 157ᴬ⁻ᴮ.

Bulles : L. 220, 228, 230, 231, 233, 454, 462.

Cartulaires, titres et comptes : L. L. 56 à 75.

Délibérations capitulaires (1577-1750) : L. L. 112,

Statuts et serments (1694) : L. L. 117.

Autres cartulaires xiiiᵉ siècle : L. L. 112, 114,

(de 1400). Copies 113-116, comptes de la mense, H. 3375, 3376; comptes de 1546, L. L. 140.

Titres et propriétés (700 à 1790): L. 540, 546, L. L. 53. S. 1164, 1181, 1191, 1268, 1308, 1318, 1319.

Prieuré Saint-Denis de Tournan : S. 1175-1176.

Id. de Saint-Jean de l'Ermitage à Corbeil : S. 1177, 1178-1415.

Id. de Saint-Blaise à Saint-Vrain : 1179.

Id. de Saint-Arnoult : 1179².

Prieuré Saint-Eloi : L. L. 75, S. 1182, 1186.

Eglise Saint-Pierre-aux-Bœufs de Paris : L. 802, L. L. 915.

Prévôté de Noisy-le-Sec (1775-1779): Z² 2714.

Id. de Chennevières-sur-Marne (1609-1672): Z² 834.

Plan de ses biens à Champigny, série N.

IMPRIMÉS

Monographies sur Saint-Maur.

Histoire du Diocèse de Paris, abbé Lebœuf, t. V, p. 97.

Revue de la garde féodale de Saint-Maur en 1274.

Bibliothèque école des Chartes, par H. Bordier.

Journal d'un bourgeois de Paris, 1402-1449.

Paris pendant la domination anglaise.

Testaments enregistrés sous Charles VI.

Antiquités de Paris, par du Breul.

Journal de Dubuisson-Aubenay, 1648-1654.

Histoire de Paris, dom Félibien.

Recueil des Chartes carlovingiennes.

Société Histoire de Paris et de l'Ile-de-France, t. III, 33; IV, 27 ; V, 77, 78, 98 ; VII, 165; XI, 36; XX, 72.

Théorie des jardinages des jardins de Saint-Maur, par l'abbé Royer, 1774.

Voyage à Saint-Maur, par Auguste Labrousse, 1807.

Villa Bourrière, ancienne Abbaye, par l'abbé Pascal, 1858.

Guide du chemin de fer de Vincennes, 1860.

Histoire de Saint-Maur-des-Fossés, par Pierrart, 1874.

63° SAINT-MAURICE.

NANUSCRITS.

Archives municipales. — Etat civil;

Délibérations;

Démembrement de Charenton, voir cette ville dans ses archives anciennes;

Registres des inhumations du monastère du Val d'Osne et de l'hôpital-couvent de la charité, de 1737 à 1792.

La maison d'aliénés possède des documents remontant au xviii° siècle.

Plan ancien de la seigneurie.

Archives nationales — Bailliage : Z² 667,672;

Domaines nationaux.

Papiers des corporations religieuses ayant eu des biens à Saint-Maurice :

Prieuré Sainte-Croix de la Bretonnerie : S. 1000bis.

Chapitre Saint-Marcel : S. 1917.

IMPRIMÉS

Histoire du Diocèse de Paris, abbé Lebœuf, t. V,
Traité d'architecture. Temple de Charenton.
Guide du chemin de fer de Vincennes.
Histoire de Saint-Maur, par Pierrart.

64° SAINT-OUEN

MANUSCRITS

Archives municipales. — État civil depuis 1568 ; Délibérations.

Archives départementales. — Voir pour renseignements généraux.

Archives nationales. — Papiers de la paroisse, Q. 1050 ;

Bailliage (1702-1790) Z² 4167, 4169 ;

Chartes (1285-1410) 3169 ;

Déclarations au clergé (1716) Q³ 206 ;

Chemins 4² 2106, 2126 ;

Fief Turquin, de Clignancourt, Q¹ 1078 ;

Plan des terres du gouffre, série N ;

Domaines nationaux.

Papiers des corporations religieuses ayant eu des biens à Saint-Ouen.

Abbaye Saint-Denis : L. 856, S. 2199, 2833.
Prieuré Saint-Denis-de-l'Estrée : Q. 1249. S. 2386, 2404.
Église Sainte-Geneviève-des-Ardents : S. 3342, 3343.
Église Saint-Laurent : S. 3414, 3415.
Abbaye Montmartre : Q. 1076. S. 4419, 4498.
Les Carmélites de Saint-Denis : Q. 1046. S. 4653, 4654, biens.
Les Filles-Dieu : S. 4703, 4717.

IMPRIMÉS

Histoire du diocèse de Paris, abbé Lebœuf, t. III, p. 294.
Antiquités de Paris, du Breul.
Histoire de Paris, par Sauval.

65° SCEAUX

MANUSCRITS

Archives municipales. — État civil ;
Délibérations.
Archives départementales. — E⁴ divers 1266, 1789 ;
L³ an IV à an VII ;

L⁴ de 634 à an VII.

Archives nationales. — Papiers de la paroisse, L. 726. Q. 1083. S. 3586 ;

Papiers de la fabrique, T. 1493 [1-11] ;

Affaire au Conseil, V⁷ 488 ;

Marché aux bestiaux, A D [1-b] XI 46 ;

Bailliage (1635-1790) Z² 4194, 4211 ;

Titres domaniaux R⁴ ;

Délibérations du comité de surveillance, T 1491 [1-4] ;

Château et parc, plan, série N ;

Terroir, plan, série N ;

Domaines nationaux.

Papiers des corporations religieuses ayant eu des biens à Sceaux.

Abbaye Sainte-Geneviève : S. 1694.

Abbaye Saint-Germain-des-Prés : L. 807.

Chapitre Saint-Marcel : L. 574, S. 1917, 1920.

Les Chartreux : S. 3961.

Église des Saints-Innocents : S. 3374.

Chapitre Saint-Louis-du-Louvre : Z² 4191, 4193.

Commanderie Saint-Jean-de-Latran : S. 5123, 5126, 5643.

IMPRIMÉS

Histoire du diocèse de Paris, abbé Lebœuf, t. IX p. 371.

Histoire de Paris, dom Félibien.

Société Histoire de Paris et de l'Ile-de-France,
t. X p. 55.

Les divertissements de Sceaux, 1712-1715,
Promenades de Sceaux-Penthièvre, 1778.
Histoire de Sceaux, Ginet, 1843.
Les grandes nuits de Sceaux, 1876.
Excursions aux environs de Sceaux.
Histoire de Sceaux, par Victor Advielle, Sceaux,
1883, in-8, planches, (Charaire).

66° STAINS

MANUSCRITS

Archives municipales. — État civil depuis 1660 ;
Délibérations depuis 1815.
Archives départementales. — Voir série M.
Archives nationales. — Bailliage, Z² 4225, 4242 ;
Notariat (1679-1770), ZZ¹ 398, 428 ;
Plan du village et de la seigneurie, série N ;
Domaines nationaux.

*Papiers des corporations religieuses ayant eu des
biens à Stains :*

Abbaye de Saint-Denis : L. 855, S. 2199, 2307,
2833.
Prieuré Saint-Denis-de-l'Estrée : Q. 1249, S.
2386, 2404.
Grand prieuré de France : S. 5092, R. 8, 11.

Commanderie de Louvières et de Vaumion : M.
14, MM. 875, S. 5135, 5141, 5225.

IMPRIMÉS

Histoire du diocèse de Paris, abbé Lebœuf, t. III,
pp. 315, 320.

67° SURESNES

MANUSCRITS

Archives municipales. — État civil ;
Délibérations.
Archives départementales. — L^{IV} divers 1654 à
an VII.
Archives nationales. — Notariat ZZ (1598-1744),
432, 439 ;
Prévôté, Z² (1463-1789), 4244, 4266 ;
Seigneurie, R³ 1 à 5 (de Conti) ;
Procès criminel contre le curé, Z¹⁰ 227 ;
Fontaine du veau d'or, Q¹ 1067 ;
Plans, du village et terroir de la plaine et du
Mont Valérien, de la maison du sieur Trial ;
Domaines nationaux.

*Papiers des corporations religieuses ayant eu des
biens à Suresnes :*

Église Saint-Denis-du-Pas : S. 841 à 846.
Chapitre du Saint-Sépulcre : S. 936.
Prieuré Saint-Martin-des-Champs : S. 1355.

Chapitre Saint-Honoré : S. 1839.

Abbaye de Longchamps : L. 1020, biens 1025, Q¹ 1071, 1073, bail à un fermier de tout le rivage de la Seine et le côté.

Abbaye Saint-Germain-des-Prés : L. 761, charte 808, LL. 1041, 1042, cartulaires 1061, S. 2910, 2912, 2997, 3041, 3082, 3178, 3182. En 1790 les biens possédés par les religieux donnaient un revenu de 3231 livres 6 sous 8 deniers.

Cartulaire et terrier : 3042.

Église des Saints-Innocents : S. 3374.

Église Saint-Landry : S. 3412.

Les Cordelières : S. 4679.

LE MONT VALÉRIEN

Église Ermites-Prêtres : O. 648.

Prêtres du Calvaire, fondations, statuts, titres de rente (1680) L. 962.

Délibérations (1610-1744) LL. 1590, 1591.

Prises d'habits et professions (1682-1790), L. 4928.

Titres de propriétés, Q. 1054, 1058, 1063, 1065, 1067, S. 4219.

Dominicains, S. 4220.

IMPRIMÉS

Histoire du diocèse de Paris, abbé Lebœuf, tome VIII, page 73.

Testaments enregistrés sous Charles VI, page 488.

L'Hôtel-Dieu au moyen âge.

Journal de Dubuisson-Aubenay.

Antiquités de Paris, par du Breul.

Les vendanges de Suresnes, comédie, 1695.

Mémoires des religieux de Saint-Germain-des-Prés contre les habitants de Suresnes, 1768.

Notice sur la rosière de Suresnes, 1859.

Annuaire historique et commercial de Suresnes, 1861.

68° THIAIS

MANUSCRITS

Archives municipales. — État civil ;

Délibérations depuis 1787 ;

Registres de charité à partir de 1640 ;

Plan de la terre et seigneurie de 1775.

Archives départementales. — Les consulter.

Archives nationales. — Papiers de la paroisse, L. 726, S. 3588 ;

Prévôté (1318-1790), Z^2 4267, 4343 ;

Notariat, ZZ^1 (1505-1773), 440, 491 ;

Domaine, échange P. 2113, 2119, 2124, 2212 ;

Terrier, L. L. 1058, S. 3043 ;

Plans, série N ;

Domaines nationaux.

L'administration de l'assistance publique de Paris possède sur le territoire de Thiais 38 h. 58 a. 39 c. de terre estimés 300,000 francs, loués 7763 francs, legs de 1873.

Papiers des corporations religieuses ayant eu des biens à Thiais :

Chapitre Notre-Dame, L. 466, S. 344, 351, 569, 574, 575, 578, 714, 723, 483, 493, Z² 2725, 2755 ;

Abbaye Saint-Magloire, L. 609, S. 1160.

Abbaye Saint-Germain-des-Prés, L. 754, 808, L. L. 1058, S. 2904, 2907, 2925, 2970, 2999, 3042, 3082 bis, 3083ter, 3183¹, 3183², 3191, 3192.

Abbaye de Longchamps, L. 1020, biens.

Collège de la Marche et Winville, S. 6494.

IMPRIMÉS

Histoire du diocèse de Paris, abbé Lebœuf, tome XII, page 154.

Polyptique de l'abbé Irminon.

69° VANVES

MANUSCRITS

Archives municipales. — État civil ;

Délibérations ;

Titre d'une concession d'eau faite au cardinal de Sens en 1534 ;

Étendue du territoire, 1778 à l'an VII.

Archives départementales. — Les consulter.

Archives nationales. — Papiers de la paroisse,

H³ 3253, 3833, 3834, 4800 (1689-1789), L. 126. S. 3589, 3594;

Notariat (1594-1707), ZZ¹ 517, 521 :

Justice (1447-1790), Z² 4388, 4396;

Prévôté (1609-1670), Z² 4397-4421;

Lycée F. 86371, 86398;

Terroir, carrières, château et parc, plan. Série N.;

Domaines nationaux.

L'Assistance publique de Paris possède sur le territoire de Vanves 1 hectare 41 ares 60 centiares estimés 28.300 fr., loués 177 fr. 90 c., legs de 1487 à l'Hôtel-Dieu.

Papiers des corporations religieuses ayant eu des biens à Vanves :

Abbaye Saint-Antoine : S. 4373, rentes sur héritage.

Abbaye Saint-Germain-des-Prés : L. 763, S. 2910, 2970. Vente par l'abbaye de Lagny d'un fief, 2998.

Abbaye Sainte-Geneviève : L. 879, 880. S. 1577 à 1584, 1724, 1727, 1811, 1812, 1813, 1817. Seigneurie.

Chapitre Saint-Benoît : S. 896. Biens.

Chapitre Saint-Louis-du-Louvre : L. 547, 549. S. 1869, 1870.

Commanderie Saint-Jacques-du-Haut-Pas : S. 1163.

Prieuré Sainte-Croix-de-la-Bretonnerie : S. 998.

Église des Saints-Innocents : S. 3374.

Les Chartreux : S. 4070, 4075.

Les Filles-Dieu : S. 4703, 4718.

Les Minimes de Chaillot : S. 4305. Trois quartiers loués 4 livres 10 sous.

Notre-Dame-des-Champs : Voir archives du Loiret.

Collège de Beauvais : S. 6363.

La Sorbonne : S. 6547.

Collège de Tréguier : S. 6582.

Les Oratoriens : S. 6798.

IMPRIMÉS

Histoire du diocèse de Paris, abbé Lebœuf, t. IX, page 420.

`Testaments enregistrés sous Charles VI.*

Journal d'un bourgeois de Paris, 1402-1449.

Paris pendant la domination anglaise.

Antiquités de Paris, par du Breul.

Journal de Dubuisson-Aubenay.

L'âne, le curé et les notables de Vanves, 1715.

L'ancienne église de Vanves, par Monnier, 1887.

70° **VILLEJUIF**

MANUSCRITS

Archives municipales. — État civil ;
Délibérations.

Archives départementales. — L^{III} divers, an IV à an VIII ;

8

Archives nationales. — Papiers de la paroisse,
LL. 970. S. 3600, 3601 ;

Bailliage (1617-1790) Z² 4619-4649 ;

Tabellionnage (1537-1688) ZZ¹ 5530, 5662 ;

Séminaire T. 1493[I-II] ;

Fief de Montsivry, S. 417, 418 ;

Plans du village et du terroir, série N. ;

Domaines nationaux.

L'Assistance publique possède à Villejuif partie de 2 hectares 05 ares 46 centiares estimés 15,400 francs, loués
430 fr. 50, legs du 2 juillet 1700.

*Papiers des corporations religieuses ayant eu des
biens à Villejuif :*

Abbaye de Longchamps : K. 974 à 981.

Abbaye de Sainte-Geneviève : S. 1585.

Abbaye de Saint-Victor : L. 908. S. 2458.

Abbaye Saint-Germain-des-Prés : S. 2954, 2964.

Abbaye de Saint-Denis : L. 855, S. 2199, 2833.

Abbaye Saint-Antoine : S. 4366.

Chapitre Notre-Dame : S. 182, 193, 543, 547.

Chapitre Saint-Louis-du-Louvre : L. 547, 549.
S. 1869, 1870, fief Saint-Thomas.

Chapitre Saint-Marcel : L. 574, S. 1917, 1920,
fief du Colombier.

Prieuré Saint-Martin-des-Champs : S. 1354.

Église Saint-Denis-du-Pas : S. 841 à 844.

Église Saint-Sauveur : S. 3449.

Église Saint-Pierre-des-Arcis : S. 3482, fief près
le Tremblay loué 200 livres.

Église Saint-Séverin : S. 3505, 3506.

Les Chartreux : S. 4108 à 4111.

Les Carmes Billettes : S. 3714.

Église Saint-Landry : S. 3411.

Minimes de Chaillot : S. 4305, 4 arpents 3 quartiers, loués 150 livres.

Hôpital de l'Oursine : S. 4877.

Les Mathurins : S. 4257, 4258, 4282. Seigneurie.

Séminaire Saint-Nicolas-du-Chardonneret : S. 6985 à 6993.

Collège de Beauvais : S. 6363.

Coilège de Montaigu : S. 6519.

Collége de Presles : S. 6555.

IMPRIMÉS

Histoire du diocèse de Paris, abbé Lebœuf, t. X, page 36.

Journal d'un bourgeois de Paris, 1405-1449.

Antiquités de Paris, par du Breul.

Journal de Dubuisson-Aubenay, 1649-1652.

Le passe-temps de Villejuif, 1649

La promenade au camp de Villejuif, 1649.

71° VILLEMONBLE

MANUSCRITS

Archives municipales. — État civil ;
Délibérations.

Archives départementales. — Les consulter pour renseignements.

Archives nationales. — Papiers de la paroisse, Q. 1078, S. 3602;

Châtellenie : Z² 1030, 1045;

Château du Raincy : O² 287, 344;

Mobilier du Raincy : O² 638, 667;

Domaines nationaux.

Papiers des corporations religieuses ayant eu des biens à Villemonble :

Les Célestins : S. 3756-3778.

Commanderie du Temple : M. 15, M.M. 54, 876, 878. S. 5063, 5108, 5256, 5258.

IMPRIMÉS

Histoire du diocèse de Paris, abbé Lebœuf, t. VI, page 152.

Antiquités de Paris, par du Breul.

72° VILLETANEUSE

MANUSCRITS

Archives municipales. — État civil depuis 1628; Délibérations.

Archives départementales. — Les consulter pour renseignements.

Archives nationales. — Église H² 2106-2116 ;

Plan de la paroisse, série N ;

Domaines nationaux.

Papiers des corporations religieuses ayant eu des biens à Villetaneuse :

Prieuré Saint-Denis-de-l'Estrée : Q. 1249, S. 2364, 2386, 2404.

Prieuré de la Ville-l'Évêque : S. 3433.

Notre-Dame-de-Grâce : S. 4643.

IMPRIMÉS

Histoire du diocèse de Paris, abbé Lebœuf, t. III, pages 330-336.

73° VINCENNES

MANUSCRITS

Archives municipales. — État civil à partir de 1569 ;

État civil de la Sainte-Chapelle de 1688 ;

Déclarations pour le terrier de Saint-Mandé, 1749-1786 ;

Délibérations municipales depuis 1788.

Archives départementales. — L^{III} divers, an IV à an VIII ;

Voir pour autres renseignements.

Archives de la préfecture de police. — Registres des prisonniers à Vincennes.

Archives particulières. — Études des notaires où il a dû être passé des actes par des personnages.

Archives nationales. — Ville.

Papiers de la paroisse (1759-1789), H⁵ 3253-4809. L. 726, LL. 971, 972. S. 3603;

Bailliage royal (1644-1791), minutes, audiences, crimes, plaintes, scellés, inventaires, greffe, enregistrement, révolution, doléances. Z² 4695 à 4801;

Plan du terroir, d'un nouveau village, série N;

Capitainerie, carte, autres plans, série N;

Titres domaniaux, Q¹ 1122;

Bois AD^{I-XVI} 13;

Domaines nationaux.

Papiers des corporations religieuses ayant des biens sur le terroir de Vincennes :

Église Saint-Denis-du-Pas : S. 841 à 864.

Église Saint-Pierre-aux-Bœufs : S. 3486, maison et terre à la Pissotte.

Pères de la Merci (1638-1768), S. 4288.

Minimes, gramontains du bois de Vincennes, H. 3996, 4000. K. 182, L. 955, LL. 1575, 1578. S. 4308, 4317, 4318, 4333.

Abbaye Saint-Antoine : S. 4364, 5373.

Hôpital Saint-Lazare : MM. 210.

Commanderie Saint-Jean de Latran : S. 5114, fief de la Pissotte.

Collège de Beauvais : S. 6358, 6366.

Forteresse.

Château, plans, devis, construction O¹ 1888 à 1902.

Inventaire du mobilier sous Charles VI, P. 1189.

Manufacture de porcelaines, H. 1452, O¹ 1896-1903.

Prisonniers détenus pour l'affaire des poisons Z^{MI}.

Sainte-Chapelle du château de Vincennes.

Chapitre O¹ 619 à 622.

Charte (1407-1408). J. 157^{AB}, K. 179. 180. V⁷ 518 à 520.

Privilèges royaux (1379-1758). Bulles, 1380-1392, fondation et actes divers, 1536-1713, inventaires des reliques, 1739. L. 620, 623.

Délibérations capitulaires, 1487-1782. LL. 629 à 664.

Titres de propriétés : S. 1986, 2068, 2198.

Justice du bois Roger (1594-1764), Z² 355, 358.

Prévôté des Prés (1545-1694), Z² 3950.

Justice de Villegenaud (1513-1708), Z² 4617.

Chapelle Saint-Martin du château de Vincennes et divers (1248-1392), L. 620, 623.

Bailliage de la trésorerie (1612-1790), Z² 4802.

Plan de la chapelle, plans des biens du chapitre à Chaumes et à Moulignon. Série N.

IMPRIMÉS

Histoire du diocèse de Paris, abbé Lebœuf, t. V, pages 74 et 54.

Testaments enregistrés sous Charles VI.

Journal d'un bourgeois de Paris, 1402-1449.

Antiquités de Paris, du Breul.

Les Forêts de la Gaule, Maury.

Journal de Dubuisson-Aubenay, 1648-1652.

Histoire de Paris, par Sauval.

Histoire de Paris, par dom Félibien.

Société Histoire de Paris et de l'Ile-de-France,

Histoire du château de Vincennes, par Poncet de la Grave, 1788.

Lettres de mai 1769, portant suppression de deux vicaires de la Sainte-Chapelle de Vincennes, t. XVII. pages 2-55.

Lettre du trésorier de la Sainte-Chapelle de Vincennes à l'assemblée du clergé en 1788.

Détail sur le projet et la démolition du château de Vincennes, 2 mars 1791.

Histoire du donjon et du château de Vincennes, par Beauchamps, 1808.

Histoire du donjon et du château de Vincennes, par Belchamp, 1847.

Histoire de Saint-Maur, par Pierrart, 1876.

Guide du chemin de fer de Vincennes, 1858.

Promenades de Paris, par Alphand.

74° VITRY

MANUSCRITS

Archives municipales. — État civil depuis 1567 ; Délibérations municipales ;

Pièces relatives aux eaux, 1644, 1669.

Archives départementales. — E^4 divers, 1266-1789 ; L^{IV} divers, 1654 à l'an VII.

Archives nationales. — Papiers de la paroisse (1588-1660) H^5 3253, 4800, S. 3604, 3609 ;

Notariat (1602-1688) ZZ^1 568^2 570 ;

Bailliage (1662-1691) Z^2 4806 ;

Prévôté (1622-1762) Z^2 4807, 4808 ;

Justice du fief de la Blésune, Z^2 4808 ;

Travers, F^{14} 218, route ;

Terroir, fief de Celle et fief Rigault, plans, s. N.

L'Assistance publique de Paris possède à Vitry, partie de 2 h. 05 a. 46 c. de terres estimés 15.400 francs, loués 430 francs par an, provenant de la Maladrerie Saint-Valère réunie à l'Hôtel-Dieu en 1700. Et partie de 47 h. 07 a. 67 c. estimés 470.700 francs, loués 8746 francs, provenant d'un legs de 1873.

Domaines nationaux.

Papiers des corporations religieuses ayant eu des biens à Vitry.

Chapitre Notre-Dame : S. 192, 193, 424, 430, 494, 543, 547.

Église Saint-Denis-du-Pas : S, 841 à 844.

Église Saint-Étienne-des-Grez : S. 909 censives.

Prieuré Saint-Éloi : S. 1185 et au Port-à-l'Anglais 1186 rentes.

Prieuré Saint-Martin-des-Champs : L. 871, 875, S. 1366 vigne, et pressoir. Le sous-chambrier devait remettre dans les greniers de Vitry, chaque année, deux charrettes à trois chevaux de foin.

Chapitre Saint-Marcel : L. 574, S. 1917, 1931, 1933, 1949.

Abbaye Saint-Victor : L. 908, S. 2158.

Église Sainte-Croix-en-la-Cité : S. 3322.

Église Saint-Jean-en-Grève : S, 3404. Vignes.

Carmes Billiettes : S. 3711.

Célestins : S. 3772.

Chartreux : S. 4108, 4111.

Carmélites : S. 4651, baux des maisons.

Cordelières : S. 4677.

Filles-Dieu : S. 4700, 4703.

Collège de Sorbonne : S. 6225, 6227 Port-à-l'Anglais.

Collège de Beauvais : S. 6363.

Collège du Cardinal Lemoine : S. 6394.

Collège Saint-Michel : M. 188.

Collège de Cornouailles : S. 6417, 6418, Port-à-l'Anglais.

Notre-Dame-des-Champs : S. 7000 et voir archives du département du Loiret.

Bernardines de l'abbaye Saint-Jacques : O. 671.

IMPRIMÉS

Histoire du diocèse de Paris, abbé Lebœuf, tome XII, page 85.

Testaments enregistrés sous Charles VI.

L'Hôtel-Dieu au moyen âge.

Journal d'un bourgeois de Paris, 1402-1449.

Paris pendant la domination anglaise.

Journal de Dubuisson-Aubenay.

SAINT-DENIS. — IMP. H. BOUILLANT, 20, RUE DE PARIS. — 13219.

DU MÊME AUTEUR

LES ORIGINES ANCIENNES DU PERREUX

COMME TERRE SEIGNEURIALE

AVEC LES DROITS QUI S'Y TROUVAIENT EXERCÉS

Chez CHAMPION, libraire, 1891.

L'ANCIEN PAYS DU PARISIS

UN CIMETIÈRE GALLO-ROMAIN ET MÉROVINGIEN A BRY-SUR-MARNE

Chez Paul DUPONT, libraire, 1892.

LA DÉCOUVERTE DE LA PHOTOGRAPHIE

EN 1839

Description du procédé faite aux Chambres Législatives

PAR DAGUERRE

Chez Paul DUPONT, libraire, 1892.

SAINT-DENIS. — IMP. H. BOUILLANT, 20, RUE DE PARIS

www.ingramcontent.com/pod-product-compliance
Lightning Source LLC
Chambersburg PA
CBHW072120090426
42739CB00012B/3022